KB265080

천의 얼굴
중국시장 체크포인트

최 용 민

코페하우스

　제조업에서 2025년에 미국과 대등하게 맞서겠다는 나라가 있다. 독일과 일본을 넘어서는 세계 최고 수준의 경쟁력을 자랑하겠다고 준비가 한창이다. 한편에서는 급격히 둔화하는 성장률 때문에 '세계경제의 엔진'에서 '공급과잉의 진원지'로 지목되고 있다. 더욱이 아직 본격적인 경기하강은 시작되지도 않았다면서 강한 비관론이 나돌기도 한다. 중국 시장을 둘러싼 다양한 스펙트럼을 보여주는 문구들이다.

　인터넷시장을 살펴보면 세계 어느 곳에서도 찾을 수 없는 유연함이 짙게 묻어난다. 온라인 B2C 업체가 고객이 맡긴 자금에 대해 이자를 주고 병원 처방약을 온라인에서 팔기도 한다. 그래서 사회주의 중국이라는 돋보기로는 절대로 볼 수 없는 극단적인 유연함이 존재한다. 반대로 보건식품과 화장품은 인증(CFDA)이라는 장벽을 넘어서야 수출이 가능하다. 이 과정에서 선진국의 시험성적서는 휴지에 불과하고 엄청난 비용과 시간은 중소기업이 감당하기 힘들 정도다. 기업을 힘들게 하는 극단적인 절벽이 또한 존재한다. 이런 이유로 중국은 가장 접근하기 쉬운 시장이지만 성공이라는 허들을 넘기에는 가장 어려운 나라라는 평가도 있다. 천의 얼굴 그 자체이다.

　그렇다면 중국 시장을 포기해도 될까? 중국이 우리나라의 수출 전선에서 든든한 버팀목 역할을 해왔다는 점에 이의를 달기 힘들다. 5년 후나 10년 후를 생각하면 중국 시장은 결코 피해 갈 수 없는 절체절명의 시장이다. 더욱이 2015년 12월 20일부터 발효된 한·중 FTA(자유무역협정)는 양국 시장을 통합하는 작업에 지렛대 역할을 하고 있다. 흔히 중국이 소비하면 가격이 올라가고 중국이 만들면 가격이 하락한다는 말이 있다. 여기에 한 가지를 덧붙이자면 중국에 잘 팔 수 있어야 세계적인 기업이 된다는 말이 성립된다. 이제는 중국시장이 기업의 세계화를 결정하는 시대가 된 것이다.

이런 상황에서 한·중 FTA는 양국의 경제발전의 중요한 디딤돌이 될 것은 확실하지만, 이는 마무리가 아니라 새로운 출발점이라는 점을 인식해야 한다. 한국 기업들은 가공무역에 의존하던 무역방식에서 중국 내수에 접근하는 방향으로 물꼬를 돌리고, 투자도 제조업 위주에서 유통과 물류, 그리고 의료 등 서비스 분야로 힘차게 나가야 한다. 특히 중국 진출 시 한류를 잘 이용하되 한류에만 전적으로 의존하는 방식에서 벗어나 높은 품질과 좋은 가격을 바탕으로 중국 소비자의 구매욕을 자극해야 할 것이다.

또 다른 출발점은 중국 시장을 꿰뚫어 보는 기업가의 혜안에서 시작된다. 중국 시장은 독특한 제도를 두고 있다. 우리의 기준과 우리 기업의 상식이 통하지 않는다. 비슷한 외모만큼 비슷한 시장이 아니라 10년이라는 수업료를 지급하고도 이해하지 못하고 잘 나가던 세계적 기업들도 하루아침에 주저앉는 그런 시장이다. 요즘처럼 경기가 좋지 않을 때는 기지개를 켜보기도 전에 닻을 내리는 기업들도 있다.

겸손하게 우리의 생각과 기준을 내려놓고 중국 관점에서 중국시장에 접근하는 전략이 필요하다. 최고의 솔루션은 중국 제도와 시장을 배우고 또 배우는 것이다. 상식이라는 국적 불명의 돋보기가 아니라 중국 것을 인정하고 상품거래와 통관, 그리고 인증과 결제제도에 대한 구체적인 현장 지식으로 무장해야 한다. 이 책은 중국 현장에서 현재 뛰고 있는 기업들이 겪고 있는 애로와 그에 대한 해법을 정리한 책이다. 쉬운 것도 있고 어려운 내용도 있지만, 공통점은 반드시 알아야 할 내용을 위주로 정리하였다는 점이다. 경제가 일반인의 상식이 되고 일상이 되면서 한국에서 중국 비즈니스를 아는 것도 상식이 되고 한국 기업의 일상이 되었다.

중국시장을 안내하는 책을 여러 권을 저술했지만, 여전히 부족함이 적지 않다. 앞으로 계속 그 부족함을 채워 나가겠다는 다짐을 통해 독자 여러분의 양해를 구한다. 책 출판에 흔쾌히 응해준 코페하우스의 강석원 소장님과 불편한 중국 생활에도 든든한 버팀목이 되어준 가족과 하나님이 주신 최고의 선물인 한국무역협회 직원들에게 감사함을 전한다.

2016년 4월 북경의 무역센터에서

최 용 민

차례

4장   중국의 수출입 통관과 결제 노하우

7장 비즈니스맨의 중국생활 알아보기

1장

세계를 리드하는 시장, 중국

142년 만에 세계 1위 자리 변경

중국, 경제규모 1위로 발돋움

세계 1위 자리가 바뀐다. 2014년에 세계은행이 발표한 한 보고서가 한 경제뉴스의 핵심이다. 이 뉴스는 중국의 경제규모가 2015년에 미국을 추월하여 미국 경제가 1872년에 영국경제를 누르고, 세계 1위로 올라선 이후 줄곧 누리던 1위 자리를 중국에 내준다는 것이 골자였다. 그러나 중국은 이러한 세계 경제사의 큰 변화를 거부(?)한다고 밝혀 묘한 여운을 남겼다.

세계 1위를 두고 벌어진 논란은 세계은행이 내놓은 한편의 보고서로 촉발되었다. 이 은행의 국제비교 프로그램에 따르면 2011년을 기준으로 중국경제 규모가 미국 경제의 87%에 도달했다고 평가하였다. 더불어 세계은행은 2011년부터 2015년까지 중국경제 규모가 24% 늘어날 것으로 예상하지만, 미국경제는 같은 기간 7.6% 증가에 그치리라 전망하면서 2015년에 중국의 경제규모가 미국을 추월할 것이라고 분석하였다.

이런 뉴스는 2020년이 넘어서야 중국이 미국경제를 추월할 수 있다고 내다보았던 일반인들의 견해를 뛰어넘는 것이어서 중국은 물론 전 세계의 주목을 받았다. 이를 경제사적으로 해석하면 미국경제가 영국의 경제규모를 추월한 이후에 경쟁상대가 없이 1위 자리를 142년간 지켜왔고 앞으로도 당분간 그 위치에 변화가 없을 것이라던 전제가 붕괴하였기 때문이다.

논란의 핵심은 미국과 중국의 경제규모를 추산하는 방식에서 출발하였다. 외견으로 나타난 경제의 절대 규모를 갖고 중국과 미국을 평가했다던 누구나 쉽게 수긍할 수 있었는데 세계은행이 일반인에게 낯선 PPP(구매력평가설)라는 돋보기를 통해 해석했기 때문이다. 일반적으로 PPP란 각국의 경제규모를 단순히 특정통화로 환산하는 절대 비교와 달리 국내 물가수준을 참조하여 경제규모를 판단하는 것으로, 거주자의 생활 수준을 보여주는 데는 쉽지만, 국가간절대규모를 주제로 하는 데 적당하지 않다는 지적이 있다. 물가가 저렴한 국가의 경제규모가 과대하게 평가되기 때문이다. 결론적으로 중국의 물가가 상대적으로 저렴하여 중국의 실제 경제규모보다 크게 평가된다는 논리와 맥을 같이 한다.

◼◼ 질적인 1위는 멀었다며 사양

이런 논란은 1위의 부상으로 좋아해야 할 중국이 PPP의 문제점을 맨 먼저 들고 나와 중국의 '겸손함(?)'과 동시에 '여유'를 엿볼 수 있게 해주었다. 중국 정부는 공식적인 성명을 통해 세계은행의 국제비교 프로그램을 거부한다면서 연구방법이나 연구결과에 결코 동의할 수 없다는 뜻을 강하게 견지하였다.

자국의 경제력이 세계 1위로 올라섰다면 모두 홍보하고 자랑할 내용인데 중국이 왜 세계은행 발표를 공식통계로 인정하지 않겠다는 주석까지 붙여 거부했을까? 중국의 실제 경쟁력은 아직 갈 길이 멀었다는 점을 스스로 잘 알고 있기 때문이다. 왜냐하면, 1위의 등극은 그야말로 규모의 문제이지 질을 고려하지 않은 것인데다 단순히 양만을 강조하는 1위 등극은 질적인 측면에서 강국을 추구하는 중국의 미래 목표와도 걸맞지 않다.

또한, 중국이 세계 1위 대국으로 올라서면 그에 상응하는 책임이 부여되어 통상압력이 가중되거나 각종 부담금이 버거워질 수 있다는 판단에 따른 것으로 풀이된다. 그러나 중요한 것은 이번 논란으로 중국이 세계경제에서 1위로 올라서는 것은 더욱 강하게 기정사실로 되었다는 점이다. 시기의 문제일 뿐 10년 이내에 자리가 바뀌는 데는 큰 문제가 없을 것으로 보이기 때문이다. 2015년에 중국은 7% 미만 성장은 '침체'라고 판단하고 각종 미니 부양책을 내놓고 있다.

철도건설에 박차를 가하고 세금 감면혜택을 연장하여 생산증가를 독려하고 있다. 1위 부상을 재촉하는 조치들이다. 우리와 가장 가깝게 있는 중국이 세계 1위의 경제국가로 올라서는 것이 우리에게 도움일지, 아니면 우리의 시장을 잠식하여서 해가 될지 이제 공은 우리에게 넘어온 상황이다. 그래서 중국 경제뉴스는 우리에게 단순히 구경거리가 아닌 긴장국면에 들어가게 하는 충격파이기도 하다.

《 중국의 거시지표 추이 》

구 분	2006	2011	2012	2013	2014	2015
경제성장률(%)	12.7	9.5	7.7	7.7	7.3	6.9
실업률(%)	4.1	4.1	4.1	4.1	4.1	4.1
통화(M2, %)	16.9	13.6	13.8	13.6	12.2	13.3
수출증가율(%)	27.2	20.3	7.9	7.9	6.1	-2.8
수입증가율(%)	20.0	24.9	4.3	7.3	0.4	-14.1
물가상승률(%)	1.5	5.4	2.6	2.6	2.0	1.4

(자료 : 무역협회 북경지부)

화장품 외국구매 감소 예상

:: 관세인하로 소비확대 유도

중국정부가 깜짝 발표를 통해 중국 소비자에게 기쁜 소식을 전했다. 2015년 6월 1일부터 일부 의류, 신발, 피부 보호용 화장품, 기저귀 등 14개(HS 8단위 기준)의 소비재에 부과되는 수입관세율(잠정세율)을 인하한다고 발표한 것이 그 주인공이다. 수입액이 매우 큰 품목(소비재)들이 포함되었을 뿐만 아니라 평균 인하 폭은 50% 이상에 달해 소비자 가격이 저렴해질 것을 기대하기에 충분하였다.

이번에 수입 관세를 조정한 제품은 다음과 같다.

① 양복, 모피의류 (14~23%→7~10%)

② 단화(短靴), 운동화 (22~24%→12%)

③ 기저귀 (7.5%→2%)

④ 피부 보호용 화장품 (5%→2%)

이들 품목 중에서 가장 큰 관심을 보인 것은 단연코 화장품이다. 중국 내 화장품(기초용품 및 색조) 수입액이 연간 20억 달러(2014년 기준)에 달한다. 이런 상황에서 중국 정부가 관세인하라는 카드를 꺼낸 것은 외국구매를 줄여 정상유통을 활성화하겠다는 고육지책이다. 2016년 들어 중국 경기가 둔화세를 보이면서 절실히 필요한 것이 내수에 대한 진작이다.

소비자가 외국에서 돈을 쓰면 관세수입과 무관하고 유통 등을 통한 고용증대에도 도움이 되지 않기 때문에 관세를 인하하여 재정도 늘리고 경제에도 도움을 주겠다는 복안이 있는 것이다. 한국에서 개인(중국 여행객)들이 구매하는 화장품이 2015년에만 9천억 원에 달하는 것으로 추정되고 있어 이를 정식 수입으로 돌려 유통을 살리면 중국경제에 큰 도움이 된다는 논리다.

❖❖ 외국구매 열풍은 지속

일정 부분 관세를 인하하면 중국 내 유통가격이 하락하여 소비자 가격이 인하되고 이를 통해 소비가 늘어날까? 중국 소비자가 한국에서 면세로 구매하는 이유는 가격이 저렴하고 믿을 수 있기 때문이다. 이런 사례가 보여주듯 중국인들의 외국구매 열풍은 좀처럼 잦아지지 않고 있다. 관세를 3% 정도 인하한다고 외국구매 열풍에 크게 영향을 주지 못할 것이라는 의견이 우세하다.

우선, 2013년 1월에 중국 정부가 화장품에 대한 관세를 6.5%에서 5.0%로 인하했을 때 외국의 유명브랜드들은 일제히 가격을 인상하는 '거꾸로 조치'를 취한 바 있다. 중국 마케팅에서 가격이 비싸야 잘 팔리고 시장점유율보다는 이윤율 증대가 중요했기 때문이다.

중국 내 외국산 가격이 지나치게 높아 수입 관세 조정보다 유통혁신을 통한 가격 인하가 더 필요하다는 주장도 제기된다. 왜냐하면, 같은 브랜드라도 외국에서 구매하면 50% 이상 더 저렴하기 때문이다. 또한, 중국 고객이 B2C 채널을 통해 구매하면 세금을 내지 않는 경우도 흔해 정식으로 통관한 제품의 설 땅이 매우 좁아진다.

그러나 관세인하를 통해 외국구매 열풍이 어느 정도 영향을 받을 것이라는 의견도 제기되고 있다. 실제로 중국 내 유명화장품 메이커들은 중국 정부의 눈치를 보면서 이번에는 가격 인하에 나설 것을 검토하고 있다. 중장기적으로 중국 내수시장 육성을 위해 중국 내 마케팅 네트워크 구축이 긴요한데 외국과의 가격 차를 좁히지 않고는 불가능하기 때문이다. 또한, 시장점유율 확대가 장기적으로 회사경영에 이득이라는 분석도 힘을 얻고 있다.

중국 정부가 관세를 인하하여 소비를 살리겠다고 나선 것은 그만큼 중국 경제가 신통치 않다는 방증이다. 재정적자가 예상되는 상황에서 관세인하는 쉬운 카드가 아니기 때문이다. 그 효과에 대한 열쇠를 외국계 브랜드가 쥐고 있는 형국이다.

경기부양에 부응하고 중국 소비자를 위해 가격을 낮출 것인지, 아니면 관세인하를 그대로 이익으로 누릴 것인지 결정해야 할 시점이 다가오고 있다. 확실한 것은 중국 내수육성이 절체절명의 과제로 다가와 기존보다 마케팅에 대한 변수가 매우 복잡해졌다는 점이다.

《 대중국 화장품류 수출실적 추이 》

품목명	2013년		2014년		2015년(1~6월)	
	금액 (천불)	증감 (%)	금액 (천불)	증감 (%)	금액 (천불)	증감 (%)
입술화장용 제품류	2,452	48.7	3,081	25.7	5,838	630.3
눈화장용 제품	2,670	18.3	3,728	39.6	3,134	117.2
화장용 가루	2,641	12.0	3,189	20.7	3,057	122.3
피부미용 제품	124,831	48.9	204,644	63.9	299,623	274.1
샴푸	5,559	61.6	6,908	24.3	11,443	259.1
치약	3,470	-18.1	4,884	40.8	4,926	122.4

(출처: 한국무역협회 통계)

관 주도 소비의 비밀, 삼공비용

❖❖ 공적부분 지출 펑펑

중국 공무원의 소득은 높은 편이 아니다. 장·차관 등 고위직으로 눈을 돌려도 우리나라 일반 근로자들의 임금수준을 크게 뛰어넘지 못한다. 그러나 중국 공무원은 씀씀이가 크기로 유명하다. 국내는 물론 외국을 넘나들면서 돈이 없어 제대로 활동하지 못한다는 이야기는 거의 나오지 않는다.

그 비밀은 공무원과 국영기업 임직원의 원활한 대외활동을 뒷받침하는 '삼공비용(三公費用)'이 있기 때문이다. 이는 공무원이 대외활동을 하면서 상대방을 접대하고 공무 차량을 구매하여 운용하며 출장 등에 투입되는 모든 비용을 통칭한다. 이런 비용이 선진국인 미국 공무원의 단가를 넘어선다고 언론으로부터 질책을 받기도 한다.

삼공비용이 중국 소비 전체를 선도한다는 말이 회자될 정도로 그 규모는 엄청난 것으로 알려졌다. 82개 중앙부처의 삼공비용은 2011년에 95억 위안에 달해 전년보다 약간 증가하는 양상을 보였다. 그동안 중국의 경제성장은 10% 내외인데 삼공비용의 증가율은 20%에 육박했을 정도다. 그래서 겉으로는 중국이 민간경제로 이행되고 있지만, 소비시장은 여전히 관이 선도한다고 전문가들은 말한다. 실제로 중국 호텔

소비의 70%는 삼공비용으로 연결된다고 말할 정도로 눈먼 돈이 되기도 하였다.

더구나 음식으로 대상이 옮겨지면 계산하기 힘든 규모가 나온다. 개혁개방 초기에 중국에서는 먹고 남은 음식을 집으로 싸가는 관행이 일상화되었는데 그 시초가 삼공비용에서 출발했다는 말도 있다. 현재는 거의 사라졌지만 배고프던 시절에는 필요한 음식보다 많이 주문하고 남은 음식을 집으로 가져가 가족과 함께 먹는 것이 공무원의 자랑(?)이었다는 말도 회자된다.

지금도 중국을 방문해서 바이어를 접대하는 것은 상당히 큰 부담으로 다가온다. 5성급 호텔에서 접대하면 국내의 그 수준을 크게 뛰어넘기 때문이다. 서너 명을 한 번에 모시면 현지인 급여 한 달 치가 흔적도 없이 사라진다고 표현하기도 한다.

:: 삼공비용에도 찬바람 거세

그러나 삼공비용 전선에 찬바람이 강하게 불고 있다. 2012년에 공식 출범한 신정부가 부패를 예방하고 예산을 건전하게 운용하기 위해서 출장 및 접대비에 대한 강력한 긴축에 나서고 있기 때문이다. 최고급 차량으로 구성되던 관용차도 된서리를 맞고 있다. 이에 따라 2012년 삼공비용 지출액은 전년의 절반 정도인 58억 위안으로 대폭 줄었다. 특히 접대비 등에 투명화를 위해 그 내용을 공개하도록 유도하고 있다.

사천성(四川省)은 삼공비용의 결산 내용과 예산을 인터넷상에 공개하여 그동안의 금기를 과감하게 벗어 던졌다. 또한, 중앙 공무원에 의

한 불시 감사를 통해 공공 부분의 공금유용과 사용기준 초과 여부를 세세하게 들여다보고 있다. 그래서 경제 대국에 걸맞게 풍성한 메뉴를 시키던 관행이 자취를 감추고 이제는 주문하기 전에 눈치를 봐야 하는 수준으로 추락했다고 공무원들이 푸념하고 있다.

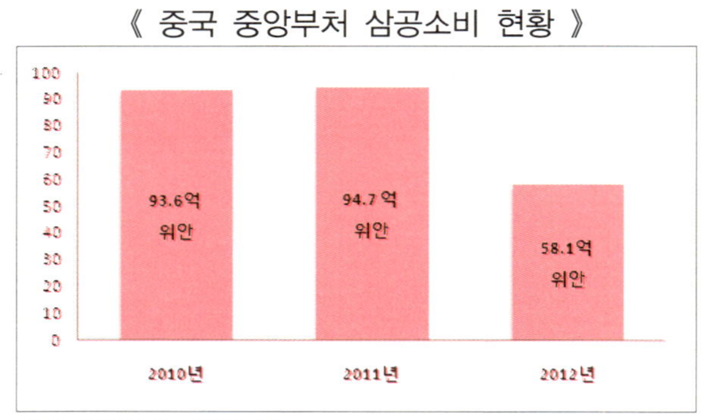

《 중국 중앙부처 삼공소비 현황 》

(출처: 무역협회 북경지부)

그러나 공직 부분의 지출은 우리 기업의 대중국 마케팅에 절대적으로 고려해야 할 사항이라는데 이의가 없다고 전문가들은 입을 모은다. 중국의 공무원이 명목상으로는 709만 명(2012년 기준)에 불과하지만, 국가의 재정으로 월급을 받는 인원으로 확대하면 그 범주는 4,500만 명을 넘어서기 때문이다. 특히 이들의 임금이 민간 부분의 그것보다 더욱 빠른 속도로 높이 날고 있어 구매력은 더욱 탄탄해지고 있다.

이에 따라 공적지출이 요식업의 매출에 미치는 영향 정도가 줄지 않고 있으며 소비재도 간접적인 영향권에 머물고 있다. 특히 대표적인 내구 소비재인 자동차는 공공 부분 구매량이 엄청나고 그 이미지가 개개인의 소비에 직결되고 있다. 중국에서 여전히 확실한 사실은 관이 중요한 소비의 동력이자 주요한 마케팅 대상이라는 점이다.

공장이 성장엔진에서 경기불황 뇌관으로

▊▊ 양적 성장의 상징인 공장

'중국 = 세계의 공장'이라는 명성에 급제동이 걸리고 있다. 2016년에 중국이 과잉설비로 깊은 고민에 빠져들면서 호황을 구가하던 시절이 지나고 이제는 넘치는 생산물을 어떻게 처리해야 할지를 고민하는 정반대 상황에 내몰리고 있는 것이다.

중국 내 공장의 가동률은 한때 90%를 웃돌아 만들면 팔리는 공급 중시의 경제구조를 보였으나 이제는 60%대로 하락하여 물건을 만들어도 팔리지 않고 재고로 쌓여 중국 경제 근간을 위협하는 요인 중 하나로 언급되고 있다.

이런 공급과잉은 금융위기가 시작되던 2008년 이후의 대규모 경기부양과 외국인 투자유치를 통한 경쟁적 설비확장에 기인한 것으로 추가적인 경기 부양책 사용을 주춤거리게 하는 원인이 되고 있다. 공급과잉의 근본적인 이유는 소비보다는 투자에 의한 성장하는 모델이 중국 경제 전반을 떠받치고 있기 때문이다.

국내총생산(GDP) 중 투자(총자본)의 비중이 50%(2011년)에 육박하여 여타 국가가 20% 전후인 것과 큰 차이를 보이고 있다. 투자비중이 가장 낮은 미국(15%대)에 비해 중국은 같은 해에 48.6%를 기록하였다.

반면 소비에 의존하는 비중은 40%대에 머물러 미국과 일본에 비해 현저히 낮은 수준이다.

이와 함께 중국의 수출이 2015년에 마이너스를 기록하는 등 주춤거리는 양상에서 벗어나지 못해 공급과잉 터널에서의 탈출은 쉽지 않은 상황이다. 중국의 제조업이 과잉설비에 휩싸였음을 증명하는 빨간불이 곳곳에서 감지되고 있다. 특히 업종별로 살펴보면 중국의 설비 과잉은 더욱 명확해진다. 철강의 생산능력은 연간 10억 톤에 달하고 있는데 수출과 내수로 소화되는 물량은 7억 톤에 머물고 있다.

✦ 과잉설비로 경제에 짐

이는 세계 경기침체로 철강수요가 급속히 줄어든 데 기인한다. 이에 따라 철강의 과잉설비 비중이 30% 정도로 치솟으면서 공장가동률은 금융위기 언저리였던 2008년의 82%에서 2014년에 72%로 급락한 상황이다. 수익성도 나빠져 철강분야에서 적자에서 헤어 나오지 못하는 기업이 3개 중 1일 정도다.

미래의 먹거리 산업으로 각광받았던 태양전지에서도 공급과잉 문제가 심각하게 대두한 상황이다. 더욱이 중국이 차세대 유망산업 중 하나로 태양전지 분야에 대해 보조금과 세제지원을 통해 지원한 바 있어 그 충격은 더욱 크다고 하겠다. 세계 시장에서 선두권을 달리던 중국의 태양전지 생산업체가 경영난에 봉착하여 가동률이 50%를 밑돌고 있다. 또한, 미국과 유럽에서 태양전지에 대한 반덤핑 문제를 제기하여 내우외환에 시달리는 양상이다.

평판유리도 건설경기 위축 등으로 가동률이 60%대로 내려앉았다.

근본적인 이유는 2008년 이후에 각 성에서 경쟁적으로 판유리 생산설비를 확대한 데 기인한다. 세계 최대의 생산기지이자 최대 시장으로 부상한 자동차도 이제 공급과잉을 걱정하는 단계에 도달해 있다. 중국 내 자동차 생산능력은 2010년에 1,200만대에 불과했지만 2015년에는 그보다 2배나 많은 2,600만대에 육박하였다. 수요가 뜀박질을 하고 있지만, 공급량은 빠르게 날아가는 양상이다.

전세계적으로 극심한 공급과잉에 시달리고 있는 조선도 중국의 물량만을 쳐다보고 있다. 건설과 밀접한 시멘트 분야도 비슷한 모양새다. 중국 시장의 공급과잉은 단순히 중국 시장만의 문제가 아니다. 중국 생산 비중이 매우 높은 관계로 전 세계 시장을 좌지우지하고 있다.

공급과잉은 1차적으로 원자재의 가격을 상승시켜 물가 불안을 일으키고 시차를 두고 제품 가격을 끌어내려 해당 산업이 경기불황에 진입하도록 유도하고 있다. 이에 따라 전 세계 기업들은 중국발 공급과잉 태풍에 촉각을 곤두세우고 있다.

투자결정을 내리거나 생산계획을 세우는데 중국의 공급과잉 정도가 매우 중요한 지표이기 때문이다. 얼마 전까지 세계 경제의 성장을 이끌었던 중국이 세계경제가 불황 속으로 빠져들게 하는 뇌관 역할을 하고 있다는 평가도 나오고 있다. 국내 기업들도 내수에서의 수요와 공급을 논하기 전에 중국에서의 수급을 먼저 고려해야 할 때다.

《 중앙경제공작회의 제시 2016년 5대 경제과제 》

	과제	내 용
1	공급과잉 해소	• 법에 의거한 파산절차 마련 • 실업자들의 재취업을 도울 수 있는 정책 마련
2	부동산 재고 소진	• 농민공의 시민화 추진, 부동산 시장 안정화 • 상업용 주택 가격 인하, 일부 구매제한 조치 취소
3	금융리스크 대비	• 지방정부 채무리스크 완화, 채권 발행 방법 개선 • 자본 모집 방식 규범화, 불법 모금 억제
4	기업 비용 절감	• 행정절차 간소화, 기업의 조세 부담 경감 • 제조업 부가가치세, 금리, 전기세, 물류비용 조정
5	취약 부분 보완	• 기업의 기술 혁신 및 설비 업그레이드 지원 • 인력투자 강화 • 빈곤문제 해결

(출처: 중국신문망(中国新闻网))

5

두부 같은 건물과 건설시장 진출

❖❖ 건설 프로젝트 비리로 품질문제

중국에서 지진 등 자연재해가 빈발하면서 '두부공정(豆腐工程)'이라는 용어가 언론과 중국인의 입에 자주 회자되고 있다. 이를 문자 그대로 해석하면 두부는 먹는 음식을 의미하고 공정은 우리의 건설에 해당한다. 결국, 건물 등이 두부처럼 외부 충격에 쉽게 무너지는 현상을 지칭하는 것으로 각종 뇌물, 비리로 얼룩진 건설프로젝트 때문에 제대로 된 건축물이 세워지는 것이 아니라 두부처럼 쉽게 부서지는 고속도로, 아파트, 건축물 등이 출현하는 것을 지칭하는 인터넷상의 새로운 용어다.

중국에서는 건설과 관련하여 쉽게 상상하기 힘든 광경을 목격하게 된다. 겉은 화려한데 난방이나 내부 편의 시설이 기대에 미치지 못하는 신축한 건물을 발견하는 것은 어렵지 않다. 또한, 대도시에서 짓다가 중단된 흉물스러운 건물도 찾아볼 수도 있다. 쉽고 저렴하게 건축하는데 초점이 맞춰지면서 부실이 발생하여 더는 공사를 진행하기 힘들어졌거나 금전적인 이해관계가 얽혀 분쟁이 발생한 것이다.

중국인의 특성을 가장 잘 설명하는 말로 '만만디(慢慢的)'가 자주 언급되지만, 건설에서는 예외를 찾는 것이 어렵지 않다. 하루가 다를 게

없던 건물이 솟아오르고 새로운 마을이 등장하기도 한다. 이런 속도전은 경제발전에 원동력으로 작용하기도 했지만, 필연적으로 품질보다는 양을 존중하는 쪽으로 흐르면서 부실을 일으키는 구조에 빠져들었다.

중국에서 속도전이라는 용어가 등장하기 시작한 것은 1990년대 초반이었다. 가장 대표적인 사례가 심천속도 이다. 이 단어는 개혁개방의 상징인 심천이 매우 빠른 속도로 성장한 것을 지칭하는 것이다. 고층건물을 1층 높이는데 걸리는 기간은 3일에 불과하였다. 당시 건축분야 선진국이었던 홍콩도 같은 공기에 통상 5일이 소요되었음을 고려하면 엄청나게 빠른 것이다. 심천국제공항은 착공한 지 2년 만에 완공되어 주위를 놀라게 하였다.

⠿ 품질경쟁 아직 미흡

이런 신속한(?) 건설에 힘입어 1979년에 경제특구로 지정될 당시 심천의 GDP는 1억 8천만 위안에 불과했지만 30여 년이 흐른 2014년에는 8,200억 위안으로 4,600배나 증가하였다. 비슷한 시기에 상해속도라는 말도 유행했는데 고층건물을 짓거나 대형 다리를 건설하는데 1년이면 모든 마무리가 될 정도로 놀라운 광경이 상해 이곳저곳에서 전개되었음을 나타낸 것이다.

2010년 전후로 중국의 경제성장률은 여전히 10%에 육박하여 세계평균보다 3배 정도 빠르게 달렸는데 상당 부분 속도전에 기인한다. 이는 어쩌면 정상적으로 시간을 투입하여 일을 처리하는 것을 불가능하게 만들고 만만디로 점철되었던 중국인의 삶을 속도전이 일상화되는 방향으로 전환하고 있다. 그러나 이제는 중국경제도 빠른 속도전에서 벗어나 지속 가능한 포용적 성장으로 구조변화를 꾀해야 한다는 점을 고려할 때 중국 건설업계도 새롭게 변해야 한다는 지적이 일고 있다.

경계성장의 주춧돌 역할을 해온 건설분야의 경쟁력을 높이기 위해 과감하게 품질경쟁에 나서도록 환경을 조성하고 건설업의 대외개방을 통해 외국의 자본과 기술을 도입하여야 한다는 주장이 설득력을 얻고 있다.

이미 글로벌 강자로 올라선 우리 건설업체들도 중국 시장 진출에 더욱 심혈을 기울여야 하는 시점이다. 중국의 건설분야 전면 개방은 되돌릴 수 없는 대세이기 때문이다. 건축자재와 관련된 시장도 엄청난 규모일 것으로 추정되고 있다. 이런 시장에 대한 선점을 위해 먼저 중국기업들과 전략적 제휴를 강화하여 간접진출을 도모하고 한·중간 자유무역협정(FTA)을 통해 중국 건설시장을 선점해야 한다.

제1의 상품시장이 미국에서 중국으로 변했듯이 최고의 건설시장이 중동에서 중국으로 이동할 수 있기 때문이다. 우리나라 건설업계에게 중국은 마지막 남은 황금어장인지 모른다.

《 중국제품의 품질 저하 요인 》	
1	품질관리시스템 미비
2	디자인 완성도 부족
3	협력업체 관리능력 미흡
4	숙련 작업자 부족
5	일부 경영자의 도덕성 결여
6	정부와 사회 관리감독 기능 미흡

(출처: 중국품질뉴스넷(中国质量新闻网))

대기오염에 대한 공습경보

환경오염과 전쟁선포

"6등급입니다. 일반 시민은 외출을 삼가해 주시기 바랍니다." 전쟁과 관련된 훈련 상황이 아니다. 중국 대도시를 중심으로 갈수록 심해지고 있는 환경오염, 특히 대기오염 상태를 두고 언론을 통해 중국 정부가 발표하는 내용이다.

중국 베이징시 정부는 2015년 12월 초에 황색경보를 발령하고 대기오염도가 최고치인 6등급에 올라섰다면서 시민에게 외출을 자제해 달라고 요청했다. 2008년도 베이징 올림픽을 계기로 다소 개선되는 조짐을 보였던 중국 대기상태가 다시 악화하는 양상을 보이면서 중국 정부가 각종 대책을 내놓고 있어 그 성공 여부에 관심이 높아지고 있다.

그동안 중국에서는 오염 자체보다 봄 황사가 더 큰 문제였다. 매년 3~5월이 되면 황사가 도시 전체를 뒤덮으면서 공기 오염을 심화시키고 각종 호흡기 질환을 일으켰다. 베이징 올림픽 전에는 비닐봉지를 머리에 쓰고 걷는 사람도 쉽게 목격되었으며 자동차에 눈처럼 내려앉은 모래를 쓸어야 했다. 그러나 황사는 다행히도 시기가 지나고 바람의 방향이 바뀌면 사라지는 모양새였지만 대기오염은 각종 중금속을 포함하고 있는데다 계절과 관계없이 맑은 날에도 태양을 가려 온종일

흐린 날처럼 보이게 만들었다.

스모그가 일상화되면서 비 온 후에는 잠시라도 맑은 공기와 하늘을 만날 수 있어 비 오는 날이 좋은 날이라는 유행어도 나돌고 있다. 최근에는 바람이 불어야 푸른 하늘을 볼 수 있어 바람이 귀한 손님이 되고 있다.

베이징 미세먼지 25% 감소

참다못한 중국 정부가 최근 환경오염 문제를 해결하기 위해 칼을 빼들었다. 지난번 베이징 올림픽에서는 인공강우와 건설공사 중단을 통해 대기를 개선하는 노력을 기울였지만, 이번에는 근본적인 변화를 위해 더욱 강력한 오염원 배출 억제책을 내놓았다. 더욱이 현지 언론들은 '국십조(國十條)'라는 거창한 표현을 쓰면서 정부의 강력한 의지를 대서특필하였다.

이 대책은 오는 2017년까지 도시의 초미세먼지 농도를 2014년에 비해 10% 이상 감축한다는 내용을 골자로 하고 있다. 오염이 심해 스모그가 일상화된 베이징은 25% 이상 줄이겠다는 높은 기준을 제시했다. 베이징이 최대 표적으로 등장한 것은 현재 중국 내에서 오염이 가장 심각한 수준으로 분류되고 있을 뿐만 아니라 세계보건기구가 정한 기준보다 4배나 심각한 수준이기 때문이다.

이번 조치로 가장 크게 압박을 받는 산업은 자동차분야다. 세계 최고 생산기지이자 소비시장으로 떠오른 중국에서 자동차는 더는 반가운 친구가 아니다. 오히려 자동차를 멀리하고 자전거로 다시 돌아가라는 정책이 나오고 있다. 베이징과 상하이는 엄격하게 자동차 대수가 통제

될 예정인데 특히 베이징은 매월 신차를 2만대로 제한하여 현재 535만 대를 2017년까지 600만대로 공급을 억제하는 강제조치가 예정되어 있다. 또한, 배출가스를 제한하여 그 기준을 충족하도록 강제하고 공기 오염원으로 지목되어온 노후차량은 2015년까지 500만대가 폐차장으로 내몰리게 된다.

대기의 오염도를 줄이기 위해 석탄이용 비중을 줄이는 동시에 천연 가스와 재생에너지 등 친환경 연료비중은 높아지게 된다. 또 전국적으로 대기오염 수준을 측정할 수 있는 경보 시스템을 만들어 매월 깨끗한 도시와 그러하지 못한 도시를 발표하여 지방정부 간에 경쟁을 유도할 방침이다. 이런 모습을 두고 지방정부의 불만이 높아질 조짐이다.

중앙정부는 목표치를 세우는데 공을 들이지만 실제 이행조치는 지방정부가 책임지도록 하면서 책임자를 문책하겠다고 엄포를 놓고 있기 때문이다. 현재의 대기오염이 중국의 압축성장에 따른 부작용인데 지방정부의 부조리인 것처럼 몰고 간다고 볼멘소리가 나오는 것이다.

대기오염 배출원에 대한 엄격한 통제는 새로운 비즈니스 기회로 연결될 것으로 기대된다. 일반 제조업체에는 매연처리를 어떻게 할 것인가가 발등의 불로 불거지고 있다. 특히 대기오염 유발요인을 줄이는 공정 및 설비정비에 기업들이 박차를 가해야 하기 때문이다. 더불어 오염 줄이기에 필요한 특허나 기술을 소유하고 있는 기업들의 중국진출은 더욱 유망해질 전망이다. 매연처리는 물론 신재생 에너지에 대한 중국 진출도 새로운 국면이 전개될 것으로 예상한다.

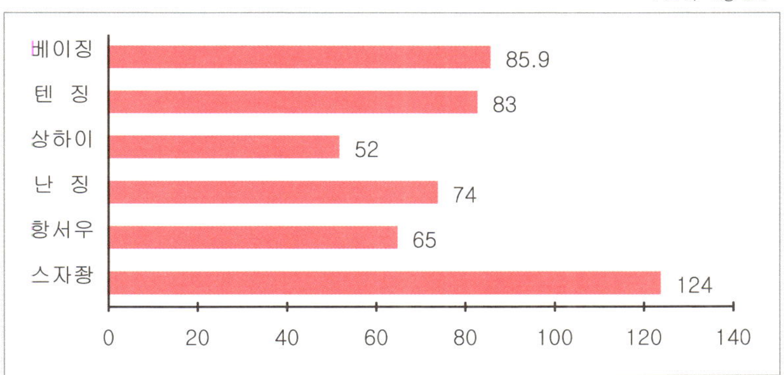

(출처: 한국무역협회 국제무역연구원)

TV 마케팅에 제품과 서비스 경쟁

⠿ 제품과 서비스 간 경쟁시대

중국 경제에서 가장 큰 변화는 인터넷을 사용하는 인구가 급속히 증가하고 있다는 점이다. 이제 6억 명을 넘어 7억 명을 향해 달리고 있다. 중국 인구 2명 중 1명이 인터넷을 이용하는 셈이다. 그래서 중국에서 살아남으려면 인터넷을 비즈니스에 접목해야 한다는 말까지 나오고 있다.

제조업이나 유통 등에 인터넷을 결합한 산업혁신을 '인터넷+'라고 칭하고 있으며 이것이 중국 정부가 주력하는 제조업 경쟁력 강화방안 중 하나라는 것도 새삼스럽지 않다. 이런 상황에서 제조업을 영위하는 컬러TV 생산업체와 서비스업인 인터넷 업체 간에 논쟁이 일고 있어 화제다.

논쟁은 휴대폰 제조업체로 유명한 샤오미와 동영상 서비스 전문업체인 LeTV 등이 서비스와 제품을 결합한 상품을 내놓으면서 촉발되었다. 예를 들어 LeTV는 하드웨어인 TV 세트와 유료 콘텐츠를 묶어서 파는 방식으로 경쟁력을 높이고 있다. 이 회사는 제품(TV셋트)을 구매하면서 연간 회비로 490위안을 별도로 지급하도록 요구하고 있다. 회비를 내면 고화질 정품 동영상을 자유롭게 이용할 수 있는 권리를 받고 TV 가격을 기존에 1,699위안(40인치 기준)에서 300위안까지 낮추는 방식으로 소비자를 유혹하고 있다.

회원 유효기간이 만료된 후에도 연장 여부를 선택할 수 있으며, 가입 기간을 연장하지 않은 비회원인 경우에도 고화질 이외의 일반 콘텐츠를 이용할 수 있다고 덧붙이고 있다. 샤오미는 100여 개 동영상 사이트와 전략적 제휴를 통해 TV 세트를 구매하면 영화, 다큐멘터리, 연예소식, 애니메이션 등 1만 8천여 개에 달하는 대부분 콘텐츠를 무료로 볼 수 있도록 안내하고 있다. 이 회사는 이들 콘텐츠에 대해 장기적으로는 유료로 전환한다는 계획을 하는 것으로 알려졌다.

콘텐츠를 결합해야 마케팅 유리

인터넷 콘텐츠 업체의 컬러TV 판매사업 진출에 대해 제품만으로 경쟁해야 하는 컬러TV 제조업체들은 불만을 표시하고 있다. 2015년에 중국 내 대표적인 전자제품 제조업체인 Skyworth사는 OLED TV 신제품을 출시하면서 LeTV와 샤오미가 강조하고 있는 '하드웨어(H/W) 저렴, 콘텐츠 유료정책'에 불만을 토로하였다. 인터넷은 도구에 불과하며 아무리 좋은 콘텐츠와 시스템이 있어도 H/W를 떠날 수 없다면서 하드웨어 중심의 판매가 계속되어야 한다고 주장했다.

특히 TV 제조 업계의 혁신은 H/W에 대한 혁신이며 인터넷을 통한 이윤창출 방식은 아직 검증되지 않았다고 강조하였다. 또한, 인터넷 서비스도 뛰어난 하드웨어가 뒷받침하지 않으면 물거품이 된다고 덧붙이고 있다. 이에 대해 LeTV의 관계자는 샤오미TV와 LeTV는 '플랫폼+콘텐츠+단말기+앱'으로 구성되는 미래형 경영방식을 구축하고 있다고 다른 주장을 하고 있다.

더불어 샤오미는 콘텐츠를 제공한다고 해서 H/W를 소홀히 하는 것이 아니라 이들을 모두 중요시해 왔다는 입장이다. 특히 2015년에 출시한 제품은 결코 H/W를 경시한 것이 아니라 보다 완벽하게 구현했다는 점을 강조하였다.

전문가들은 앞으로 중국에서 스마트TV 시장은 제품과 제품이 아니라 제품과 서비스가 같이 경쟁하는 구도가 형성될 것이라고 분석하고 있다. 전통적인 TV 제조업체를 위주로 한 스마트TV 업체들은 제품 자체의 혁신에 보다 중점을 둘 것이며, LeTV와 샤오미 등은 인터넷을 기반으로 풍부한 온라인 자원 및 인터넷 경영 노하우를 하드웨어와 결합해 우위를 점하려고 노력할 것이라고 진단한다.

논란 중에도 한 가지 확실한 것은 소비자들이 TV 구매에 대한 기대가 달라지고 있다는 점이다. 기존에는 TV의 외양과 기본적인 성능을 중시했었으나 이제는 콘텐츠 및 사용자체험 등 S/W 분야로 관심이 이전되고 있다는 점이다. 이는 인터넷 시대가 TV로 하여금 통신도구로 변신하게 하였다로 요약된다.

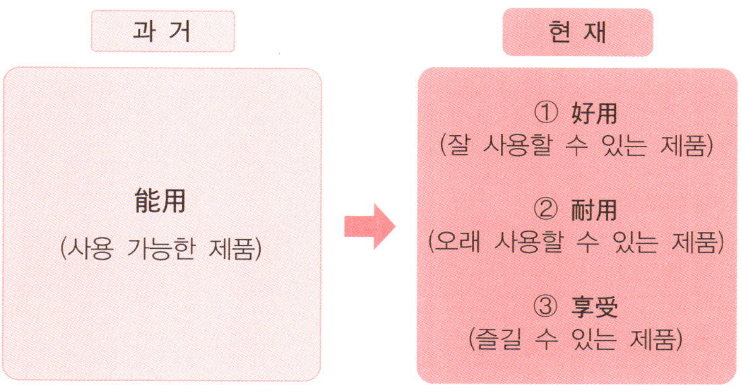

(출처: 인민일보(人民日報))

　이에 따라 앞으로 TV 산업의 발전 형식은 사용자가 TV를 통해 정보를 취득하는 것이며, 이 정보는 TV 프로그램일 수도 있고 다른 소프트웨어 서비스일 수도 있다고 정리된다. 이런 의미에서 앞으로 TV 제조업체의 핵심 경쟁력은 TV기기 자체가 아니라 통신기기로의 변신을 통해 얼마나 콘텐츠를 잘 유통하느냐로 판별된다는데 이론을 제기하기 힘들다.

8

물값 폭탄, 정부와 기업 간 충돌

물 부족 심각 수준 넘어

중국은 물 부족 국가로 유명하다. 656개 대도시 중 400개 정도가 물 부족에 허덕이고 있다. 그 정도가 아프리카보다 더 심각한 수준으로 분류되기도 한다. 더구나 물 오염수준이 심각하고 기존 물마저 제대로 사용하지 못하는 상황에 내몰리고 있다. 이런 상황에서 물 부족이 심각하기로 소문난 베이징시가 2014년 5월부터 수도세를 전격적으로 인상하였다. 물값 인상은 어느 정도 예상된 일이었지만 분야별로 인상률이 다르다는 사실이 반발을 일으키고 있다.

일단 생활용수 인상은 최대한 자제한 흔적을 엿볼 수 있다. 베이징시는 주민용 수도세 단가를 3개로 구분하여 인상하였다. 그전에는 톤당 4위안으로 모두 동일했으나 연간 물 사용량이 180톤 이하인 경우, 수도세를 톤당 4위안에서 5위안으로 25% 인상하였다. 전체 가구의 90%가 여기에 해당하여도 되도록 물을 절약하라는 신호를 약간 강하게 보내주는데 머물렀다. 그러나 물 사용량이 많은 가정으로 그 정도가 연간 181톤을 넘어가면 7위안으로 조정하면서 거의 2배 정도 끌어올려 이제 물값이 절대 싸지 않다는 경고를 준 것이다.

더욱이 물의 사용량이 260톤 이상이면 9위안으로 2배 이상 높여 낭비하면 '물값 =「금」값'임을 알아야 한다고 압박하였다. 다만, 가족 구성원이 많아 피해 보는 것을 방지하기 위해 6명 이상인 가정은 연간 180톤 기준에서 1인당 30톤씩 추가 사용할 수 있는 예외 조항을 내걸었다. 이 경우에 2년마다 주민위원회에서 발급하는 증명서를 첨부해야 하는 번거로움은 감수해야 한다.

❖ 최고 40배 물값 인상

그러나 가정용 인상률은 서비스 분야에 비하면 그야말로 '조족지혈' 수준이다. 물값 인상의 폭탄이 투하된 곳은 세차장, 목욕탕, 골프장, 스키장 등 특수 업종이다. 이들 사업장에 대한 물값은 기존에 톤당 4위안이었는데 이제는 160위안이 된 것이다. 고용을 위해 서비스 산업을 장려하면서 한편으로는 무려 40배나 인상한 것이다. 이들 산업은 문을 닫으라는 것이냐며 볼멘소리를 하고 다양한 경로로 탄원서를 내밀고 있다. 인상된 물값을 도저히 감당할 수 없기 때문이다. 대부분의 골프장은 연간 물값으로 수십억 원을 부담하여 현재의 골프장 이용료를 2배로 올려도 감당하기 힘들다는 입장이다.

흔히 중국에서는 정부의 '정책'이 있으면 밑에서는 '대책'이 있다고 말한다. 골프장이나 세차장 등은 몰래 지하수를 개발하여 사용하겠다는 복안을 갖고 있다. 이번 물값 인상이 지하수가 부족하여 발생한 현상인데 오히려 지하수 부족을 더 일으키는 대안들이 나돌자 정부는 다시 물 요금을 부과하는 기준을 변경하는 방안을 검토 중이다. 골프장은 사용량이 아니라 사업장 면적단위로 부과하여 빠져나가지 못하도록 하겠다는 것이다. 어떤 형태든 물에 대한 비용부담을 엄청나게 늘리겠다는 복안이다.

기업들은 도대체 감당할 수 없도록 가격을 올리는 것은 있을 수 없는 일이라고 강변한다. 관련 업체들의 사활이 걸려 있기 때문에 모든 수단을 동원하여 정부와 맞설 태세다. 앞으로 정부와 물을 많이 쓰는 기업 간에 생존을 내건 치열한 싸움이 전개될 전망이어서 그 결과가 주목된다. 그러나 중국, 특히 베이징에서 물 전쟁은 시작에 불과하다는 주장이다. 앞으로 물 부족이 더 심해질 수 있기 때문이다.

베이징시는 1999년부터 다년간의 가뭄 현상으로 매년 사용 가능한 물 자원량은 평균 21억 톤이라고 한다. 이를 인구수로 나눈 1인당 사용 가능한 물이 100톤인데, 이는 중국 전역 평균의 5% 수준이고, 세계로 넓혀 비교하면 80분의 1 수준이다. 베이징 물 자원의 60%는 지하수이며, 물 자원 부족으로 허베이성에서 연간 3억 톤씩 보충받고 있어 물 절약은 베이징시 생존을 위한 필수사항일 수밖에 없다.

위기는 기회를 몰고 온다는 비즈니스 철칙을 생각할 때 베이징시에서 물 절약 산업은 확대일로로 치달을 전망이다.

9

중국의 석유, 희토류를 배춧값에 수출

:: 히든카드 희토류 헐값

중동에 석유가 있다면 중국에는 희토류가 있다고 말한다. 중국에 희토류는 그만큼 중요한 자원이다. 2010년에 일본과 센카쿠열도(중국명 댜오위다오) 분쟁으로 중국인 선장이 체포되었을 때 희토류의 대일본 수출중단이라는 강수를 통해 선장의 조기 석방을 유도한 것을 고려할 때 희토류는 자원을 넘어 무기가 되었다. 그러나 희토류 국제시장이 공급자 위주에서 수요자 시장으로 전환되어 가격이 하락하면서 중국의 고민이 커지고 있다.

중국에서 희토류가 뉴스에 등장한 것은 1927년으로 거슬러 올라간다. 당시 딩다오형(丁道衡)이라는 지질 전문가가 희토광산을 처음으로 발견했으며, 그 후에 잠잠하다가 1950년 대들어 내몽고 지역에 관한 상세한 탐사가 진행되었다.

1963년에는 중국 지질부가 직접 나서 세계적으로 보기 드문 바이윈광산(白云鑛山)이라는 거대 매장지역을 종합적으로 조사하여 172종의 광물이 매장되어 있음을 확인하였다. 이중 경제적 가치가 있는 원소는 26종이라고 분석하였다. 이 광산은 동서로 16Km, 남북으로 3km의 띠 모양을 하고 있어 전세계의 주목을 받았다.

중국은 바이윈광산 덕분에 전세계 희토류의 36%를 확보하고 있으며, 국제교역에서의 비중은 90%에 달해 절대적인 힘을 발휘할 여건을 갖추고 있다.

그런데 2015년에 희토류 가격이 급락하면서 희토류 강국인 중국의 위상이 말이 아니다. 중국 해관총서에 따르면, 중국의 2015년 1~7월 희토류 수출은 1.75만 톤으로 전년 동기 대비 10.3% 증가했다. 7월 수출량은 3,658톤으로 전년 같은 달(1,799톤) 대비해 2배가 증가하였다. 특히 중국의 희토류 주요 생산지인 네이멍구 지역은 2015년 상반기에 2,663.8톤을 수출하여 전년 동기 대비 36.5% 증가하였다.

물량으로만 보면 좋은 성적인데 가격으로 잣대를 옮기면 판단이 정반대로 뒤바뀐다. 희토류 수출량이 증가한 반면 가격은 큰 폭의 하락세 이기 때문이다. 네이멍구의 희토류 수출단가는 동기 대비 34.7% 하락하여 톤당 3.2만 위안에 불과했다. 2013년과 비교하면 거의 절반 가격에 가깝다. 중국의 희토류 공급량은 전세계 공급량의 90%를 차지할 정도로 압도적인 상황에서 거둔 성적표라는 점에서 충격을 던져주기에 충분하다.

가격폭락에 업체 합종연횡

2014년도 중국의 희토류 생산량은 8.7만 톤이었다. 가격 폭락을 두고 중국 정부기관에서 희토류의 수출 단가가 돼지고기 단가와 비슷하다는 푸념이 나오고 일부에서는 배춧값에 떨이 수출이 되고 있다고 말한다. 돼지고기 도매가격은 kg당 24위안이며, 소매가격은 30위안이다. 이를 톤으로 환산하면 3만 위안으로 희토류 수출단가와 비슷한 것이다.

이런 현상을 두고 원인분석이 다양하다. 2015년 1월에 17년간 유지해왔던 희토류 수출 쿼터제를 폐지한데다 같은 해 5월에는 광석 수출세(25%) 부과를 중단한 것이 그 원인이라고 전문가들은 지목한다. 위안화의 평가절하도 희토류 수출가격 하락에 작용했다는 언급도 있다.

그러나 근본적으로는 제조업 경기침체로 희토류에 대한 수요증대에 불리하게 작용했다는 사실에 이의를 제기하기 힘들다. 희토류가 브라운관(CRT), 피디피(PDP), 반도체와 디스플레이, 전기차와 풍력터빈 등에 원재료로 들어가는데 해당 산업의 경기가 신통치 않기 때문이다.

중국 전문가는 경기 부진으로 중국이 세계 최대 희토류 수출국이지만 가격 결정권은 미국, 일본, 유럽, 한국 등 소수 대기업에 있다고 밝혔다.

《 2015년 1월~7월 중국의 희토류 수출 상위 10개국 》

〈단위 : 천 달러, %〉

순위	국가명	수출액	증감률	순위	국가명	수출액	증감률
1	일본	89,723	-18.1	6	프랑스	11,758	59.6
2	미국	55,450	-0.6	7	베트남	11,182	39.2
3	네덜란드	24,348	59.2	8	이탈리아	7,206	9.4
4	인도	18,413	3.2	9	대만	6,750	-15.0
5	한국	18,275	26.5	10	태국	6,376	13.0

(출처: 한국무역협회 중국무역 통계 (HS code : 2805, 2846 기준))

중국 정부가 희토류 생산 1위 국가라는 이점을 살리기 위해 꺼내 든 카드는 대형화다. 현재 90여 개에 달하는 업체를 6개로 줄이는 작업에

착수한 것이다. 중앙의 국유기업이 중심이 되어 통폐합 작업이 진행되고 있는데 지방정부와 기업들의 반발도 적지 않다. 지방의 세수 및 경제적 이익에 반하는 상황에 초래되고 있기 때문이다.

통폐합을 통해 공급 가격을 잘 조정하고 생산량도 통제할 수 있을지 귀추가 주목된다. 너무 가격이 오르면 여타 국가도 희토류 개발에 나서고 대체물질 생산도 추진될 수 있기 때문이다. 이런 의미에서 2015년 하반기에 희토류 수출가격이 어떻게 전개될지가 중장기적으로 중국의 희토류의 수지타산을 엿보는 시금석이 될 전망이다.

10

달러 역할 넘보는 위안화

✴ 위안화 국제화 잰걸음

중국 정부의 적극적인 뒷받침에 힘입어 위안화의 국제화가 빠르게 진행되고 있다. 무역결제수단을 넘어 제3국에서의 저축과 투자, 그리고 다른 나라 중앙은행의 기축통화로서 그 영역을 빠르게 늘려가고 있다. 유로화를 넘어서 미국의 달러화를 위협할 시기가 멀지 않았다는 성급한 진단도 나오고 있다.

먼저 중국이 자랑하는 성과는 무역에서 위안화를 쓰는 비중이 급속히 높아지고 있다는 점이다. 2009년부터 위안화 결제를 독려한 이후에 2012년까지 한자릿수에 머물면서 걸음마 수준에 그쳤지만 2013년에는 11.7%로 올라서면서 성공적인 출발을 의미하는 두자릿수를 기록하였다.

2014년에는 더욱 가파른 상승곡선을 그리면서 20%에 육박한 것으로 추정되고 있다. 특히 최근 들어 연평균 50% 전후의 증가세를 보이고 있어 조만간 중국의 상품무역에서 위안화 결제비율이 30%에 도달할 것으로 점쳐지고 있다. 위안화 결제와 별로 관계없어 보이는 서비스무역에서도 높은 증가세(2014년 1월~7월 69% 증가)를 기록하고 있다.

또한, 홍콩과 대만에서는 위안화 예금이 폭발적인 증가세를 보이고 있다. 2010년 초 만해도 거의 없던 홍콩 내 위안화 예금은 1년 반 만에 5천억 위안에 도달한 데 이어 2014년 7월에는 9,368억 위안을 기록하여 1조 위안에 바짝 다가선 상황이다.

대만은 2013년 초에는 위안화 예금의 불모지나 다름이 없을 정도로 미미했으나 2014년 8월에는 2,930억 위안에 도달할 정도로 상황이 급변하였다. 이제 홍콩과 대만이 화폐 유통 면에서는 대륙과 통합되고 있는 것 아니냐고 추정할 수 있을 정도다.

위안화를 이용한 외국투자와 중국에 대한 외국인 투자의 성장세는 무역분야 그것을 크게 뛰어넘고 있다. 중국의 외국투자 중 위안화가 차지하는 비중은 여전히 4~5% 수준에 머물고 있지만, 2014년 상반기에는 증가율이 293%에 달할 정도로 눈부시다.

이제 중국을 벗어나 외국에서도 위안화를 국제통화로 인식하기 시작했다는 의미다. 중국으로 들어오는 투자목적의 화폐 중 위안화로 집행된 금액은 2015년에 100%를 넘는 증가세를 기록하였다. 이에 따라 위안화로 투자한 외자기업 비중(금액기준)은 30%에 바짝 다가섰다.

무역도 투자도 위안화 필수

홍콩에서는 채권을 위안화로 발행하는 사례가 크게 늘면서 아주 흔한 일이 되고 있다. 2014년 5월에는 433억 위안어치의 채권이 발행되어 주위를 놀라게 하였다.

앞으로는 홍콩 외에도 싱가포르, 대만, 런던 등에서도 채권발생이 일상화될 것으로 예측되는 상황이다. 얼마 전까지 적대 관계를 유지해온 대만에 대한 위안화 외국인 적격투자 한도가 1천억 위안에 달했고, 런

던과 싱가포르도 각각 800억 위안과 500억 위안의 한도를 두고 있다.

위안화가 국제무대에 자주 얼굴을 내밀면서 세계 지급수단에서 차지하는 순위도 2013년 1월의 13위에서 2014년에는 7위로, 2014년에는 다시 4위로 올라섰다. 위기 시 상대국에 통화를 제공하는 통화스와프를 중국과 체결한 국가도 27개국에 달한 상황이다. 여기에다 일부 국가에서는 위안화를 기축통화로 대우하면서 존귀하게 모시고 있다. 그러나 잣대를 세계 무대의 비중으로 돌리면 수치는 전혀 달라진다.

전세계에서 지급수단으로 실제 사용된 금액에서 위안화가 차지하는 비중은 1%대에 불과하다. 여전히 위안화의 위상이 중국과 중화권에서 드높여졌지만 다른 나라에서는 기대만큼 높지 않다는 점을 잘 설명하고 있다.

《 중국 상품 수출입 중 위안화 결제 비중 추이 》

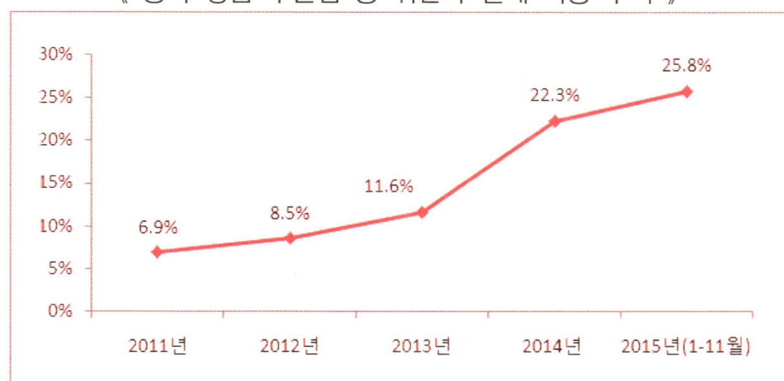

(주: 환율은 중국 국가통계국에서 발표한 해당 연말 환율 기준)
(출처: 중국인민은행, 해관총서)

위안화 국제화를 두고 한국에 거는 기대도 상당한 것처럼 보인다. 중국과의 무역비중이 높고 직거래 시장을 개설할 정도로 양국관계가 좋은 상황이기 때문이다. 더불어 한·중 FTA가 발효되면서 위안화의 활용빈도가 중화권을 제외하고는 한국이 최고치가 될 것이라는 주장도 있다. 그러나 한국이 금융 인프라와 위안화 취급여건 등에서 무엇이 뛰어난지 측정하기 힘들다는 주장도 있어 그 미래가 밝지만은 않다.

위안화의 국제화가 자칫 중국경제에 부정적인 영향을 주고 그 파장이 한국에 되돌아올 수도 있어 더욱 신중하고 치밀하게 위안화 국제화에 접근해야 한다는 주장이 설득력을 얻는다. 또한, 2016년 10월부터는 특별인출권(SDR)에 위안화가 포함되어 이제는 세계 각국의 외환보유고에도 단골이 될 전망이다.

11

IT 대부들 농업에 투자

:: IT 기업의 외도, 농업분야 진출 붐

중국 산업을 선도하는 IT 업계의 왕성한 식욕에 끝이 없다. 알리바바, 텅쉰, 바이두 등 이른바 중국의 IT 3인방이 2015년에 100억 달러가 넘는 금액을 투입하면서 글로벌 인수합병 시장을 뜨겁게 달구고 있다. 이런 식욕은 외국으로만 향한 것이 아니다. IT 기업들이 자국 내에서 기존 업무와 전혀 무관한 농업 부분에 투자를 늘리고 있어 화제를 낳고 있다. 전문성과 동떨어진 투기인지, 아니면 새로운 투자 방향을 제시하는 것인지에 관심이 쏠리고 있다.

중국은 그동안 산업별로 뚜렷한 투자패턴을 보여 왔다. 부동산 붐이 그 선두를 이루었고, 그다음은 소 상품을 중심으로 제조업과 물류 부분이 각광을 받았다. 7년~8년 전에는 그림에 대한 투자가 붐을 이루면서 예술품을 입도선매하는 사례가 적지 않았고, 외국에서도 중국산 예술품은 높은 경매가 리스트에 이름을 올렸다. 그런데 투자 본능에서 최고수로 통하는 IT 업계가 농업에 눈을 돌리면서 새로운 투자 흐름을 제시하고 있는 것이다.

IT 업계에서 농업분야 투자에 포문을 연 주인공은 인터넷과 이메일 분야에서 중국시장을 선도하고 있는 왕이(网易) 의 딩레이(丁磊)다.

2009년에 회사 내에 농업사업부를 설립하여 양돈사업을 시작하였다. IT 기술을 이용하여 건강에 좋은 녹색식품(돼지고기)을 생산한다는 포부를 밝혔다. 이 투자는 사업 초기에 관심을 끌지 못했으나 지금은 혜안을 가진 투자로 해석되고 있다.

컴퓨터 기업인 렌샹은 농업분야 전문기업에 자본을 투입하는 방식으로 2010년에 농업에 뛰어들었다. 이 회사는 후난우링쥐우유한공사와 허베이청더치안롱쥐주라는 2개의 술 생산업체에 대한 경영에 참가했으며, 청두에서도 블루베리와 키위를 생산하는 2개 프로젝트에도 자본을 투입했는데 그 규모가 총 10억 위안에 달하고 있다.

농업은 미래의 성장동력

렌샹은 현재 투자가 마무리된 것은 아니라는 말로 향후 투자금액이 더욱 증가할 수 있음을 내비쳤다. 렌샹의 고위 관계자는 "농업분야에서 수익을 내는 단계에 아직 진입하지 못했지만 앞으로 전망이 긍정적이어서 투자액에 대한 제한이 있는 것은 아니다"고 강조했다. 더불어 농업은 렌샹의 장기투자분야의 중요한 부분으로 인식되고 있다.

온라인 쇼핑으로 유명한 징동은 CEO인 류창동(刘强东) 의 고향인 장쑤(江苏) 성 쑤첸시에서 500무(1무는 약 200평)를 빌려 쌀을 생산하고 있다. 2011년부터 생산된 쌀은 회사 직원들에게서 전해져 좋은 평판을 얻고 있다. 이에 따라 향후 수천 무를 추가로 임대하여 생산량을 확대할 계획이다.

알리바바의 마윈(马云)은 스스로 설립한 기금 및 투자회사와 공동으로 우유회사인 이리(伊利)그룹의 자회사인 목축회사에 투자하였다. 초기 투자금액이 20억 위안으로 전체 지분의 60%를 인수하였다. 마윈이 축구단에 투자한 이후 외도가 더욱 뚜렷해졌다는 주위의 평가를 받고 있다. 목축회사는 마윈의 도움을 받아 목장을 더욱 확장하고 보다 품질 좋은 우유를 공급하는 데 집중할 수 있게 되었다고 밝혔다.

IT 업계가 농업에 투자하는 이유는 명확하다. 장래성이 있다는 것이다. 중국의 전통적인 농업은 낙후되어 있고 브랜드 파워가 낮은데 IT 기술을 접목하여 과학주의 영농을 도모하고 품질이 우수하면서 안전한 먹거리를 만들겠다는 것이다. 농업은 원래 그 결과에 위험이 많이 따르지만 분명한 것은 쇠퇴할 수 없는 미래산업이라는 점도 IT 업계 거두들의 마음을 사로잡은 것이다. 무엇보다도 IT 업계에 돈이 많다는 사실도 중요한 요인인 듯하다.

《 IT 거두들의 농업분야 진출현황 》

회사	대표	시기	분야	비고
왕이 (网易)	딩레이 (丁磊)	2009년	양돈	농업사업부를 설립하여 2009년부터 양돈 사업 시작
롄샹	류촨즈 (柳传志)	2010년	백주 과일	2개 주류회사 자본 투자(청두에서 블루베리와 키위 생산 프로젝트에 투자)
징동	류창동 (刘强东)	2011년	쌀	고향인 장쑤(江苏) 쑤첸시에 500무의 토지를 임차하여 쌀 생산
알리바바	마윈 (马云)	2014년	낙농업	20억 위안을 이리(伊利)그룹의 자회사인 목축회사 투자

12

봄날에 부는 마케팅 강풍

3월의 기념일은 마케팅 호기

겨울이 지나가고 따듯한 봄기운이 돌기 시작하면 중국에서 마케팅 계절이 돌아왔다고 말한다. 겨울 동안 실내에만 주로 머물던 사람들이 거리로, 상점으로 발길을 돌리기 때문이다. 특별히 3월에는 '여성의 날'과 '소비자의 날'이 몰려 있어 소비재를 판매하는 거의 모든 회사가 매출액을 늘리기 위해 판촉에 나선다. 언론은 여성의 날과 관련된 행사를 크게 보도하고 기업들은 다양한 마케팅 이벤트 광고로 신문 지면을 도배한다. 특히 중국에서는 여성의 날이 평일이면 여성들은 반나절을 집에서 쉰다. 그리고 최고경영자가 직접 나서서 선물을 주거나 좋은 음식을 대접하기도 한다.

'여성의 날'인 3월 8일을 앞두고 소비자의 지갑을 열기 위해 회사마다 신제품을 출시하고 가격을 낮추는 경쟁이 치열하게 전개되기 시작한다. 원래 여성의 날은 전 세계가 기념하는 공통의 기념일이지만 중국에서는 특별하다. 남녀평등, 아니 여성 상위 사회라고 일컬을 정도로 소비에 대한 결정권이 거의 모두 여성에게 옮겨가면서 '중국경제 = 여성경제'라는 분석이 일반화되고 있기 때문이다.

이에 따라 기업들은 여성의 날에 매출액을 높이는 쇼핑의 날로 승화

(?)시키고 있다. 2014년에도 예외는 아니어서 곳곳에서 특별판매를 진행하였다. 여성은 물론 그들에게 선물해야 하는 남성들의 지갑을 송두리째 빼앗겠다는 느낌이 들 정도로 치열하였다. 특히 온라인 매체 간 경쟁은 상상을 초월한다. 그런데 특이한 것은 행사 전날인 3월 7일에도 이벤트를 한다는 점이다. 3월 7일은 결혼을 하지 않는 여성들을 대상으로 행사를 주로 진행한다. '결혼하지 못한 슬픔을 위로해 준다'는 명목으로 통상 40위안 정도이고 비싸면 70~120위안에 달하는 영화관과 노래방 입장권을 각각 3.7위안(3월 7일을 의미)에 판매하고, 호텔과 식당도 3.7저(折)를 내걸고 63%를 할인하는 행사를 전국에서 진행하였다. 이 행사에 731개 영화관, 2,214개 노래방, 4,308개 호텔, 7,875개 식당이 각각 참가하여 전국적인 축제가 되었다.

기념일 일자를 할인율에 적용

3월 8일은 정확하게 표현하면 주부의 날로 결혼한 여성을 겨냥한 행사가 주로 개최된다. 역시 3.8위안에 영화나 노래방을 이용할 수 있고 38위안이면 호텔에서 400위안짜리 식사를 할 수 있다. 공동구매 온라인 매장에서는 참기름을 1위안에 판매하기도 하였다. 더욱 놀라운 것은 이 판촉행사를 통해 소량이 아니라 10만 병의 참기름이 팔렸다고 한다. 온라인에서는 1편(1위안의 10분의 1)에 간식 종류를 파는 일도 있었다. 일부 골프장에서는 3월 8일에 여성들에 한해 골프장 이용료를 받지 않는 파격 행사를 진행하여 주말임에도 여성 손님을 끌어들이기 위해 상상 이상의 마케팅이 진행된다는 점을 보여주었다.

3월에 기업들이 또 고대하는 날은 소비자의 날(15일)이다. 3월이 전통적으로 실내장식을 변경하는 시즌으로, 집과 사무실의 봄 단장을 부추기는 행사가 곳곳에서 열리기 때문이다. 이때 제일 바쁜 회사가 실내장식 업체들이다. 중국의 대형 실내용품업체인 쥐란즈자(居然之家), 톈마오쨔관(天猫家裝館), 메이러러(美樂樂) 등은 봄만 되면 판촉활동 전쟁에 돌입하였다.

쥐란즈자는 3월 8일부터 23일까지 가격을 15% 낮추는 정책을 실시하고, 동시에 중고가구를 신규 가구로 교체할 경우 추가로 5%의 보조금을 지급하기도 하였다. 다른 업체들도 소비자의 날을 전후로 1주, 혹은 보름 동안 가격할인을 하여 바닥재를 30~50% 할인해 팔거나, 심지어 원가보다 낮은 가격으로 판매하기도 하였다. 온라인 행사에 참가하면 500위안마다 200위안을 할인해 주는 파격 행사도 기획되었다.

메이러러는 2013년 12월부터 '시엔스다(限時達)'라는 서비스를 개시하여 80여개 도시에서 소비자를 끌어모으고 있는데 그 무기는 신속배송과 착한 가격이었다. 이 회사는 제품을 기본적으로 7일 이내에 배송 완료하며, 창고에 재고가 없는 경우 12일 이내에 배송한다고 약속하고, 만약 지정된 시간 내에 배송하지 못했을 때 1일당 1%의 배상금을 지급하고 있다. 이런 서비스와 함께 가격도 25%나 인하하여 소비자들을 유혹하고 있다.

13

폭락 장에서 「금」을 사는 중국 아줌마

❖❖ 「금」 보유가 새로운 투자

2015년에 「금」거래 시장에서 중국의 이상(?)한 행태가 화제다. 금의 가격은 하루가 다르게 폭락하고 있는데 중국이 금을 계속 매입하고 있기 때문이다. 단순한 매입 정도가 아니고 대량 매입에 열을 올리고 있어 '사재기'라는 수식어가 동원되고 있다.

상품의 가격이 하락기에 접어들면 매입수요가 줄어드는 게 당연한 이치인데 중국 「금」시장에서는 반대 현상이 나타나고 있는 것이다. 이를 두고 금의 가격이 바닥에 근접했다는 점을 동물적 비즈니스 감각을 가진 중국인들이 인식했다는 분석이 지배적이지만 중국 경제에 대한 불안감이 금에 대한 가수요를 폭발시켰다는 의견이 대립하고 있다.

전세계 금의 가격은 2015년에 4월 하루에 9% 정도(1980년대 이후 최대 하락치) 폭락한 것을 비롯하여 전반적으로 약세를 면치 못하고 있다. 2014년 초에 금을 보유해야 자산을 안전하게 지킬 수 있다는 전문가의 진단이 완전히 빗나간 것이다. 이에 따라 금으로 외환보유고를 확대하던 여러 국가에서 매입을 중단하고 개인들도 「금」상품에 대한 투자를 줄이기 시작하였다.

그러나 중국만은 달랐다. 홍콩은 물론 상하이와 베이징을 중심으로

금을 사재기하는 모습이 확연해지고 있다. 2015년 5월에는 열흘간 300 톤의 금을 사들여 하락세로 치닫던 금값 행진을 상승세로 돌려놓는 괴력을 발휘하였다. 「금」매입량 300톤은 연간 전세계 「금」생산량의 10%에 달하는 엄청난 물량이다. 그 중심에 중국의 돈 많은 아주머니(中國大媽)들이 활약했던 것으로 알려졌다.

하락장서 상승을 예측하는 감각

금값의 하락을 예측하고 매각을 도모했던 전세계 전문투자가들이 중국 아주머니들에게 무릎을 꿇었다는 평가가 나오기도 하였다. 금의 거래량이 많은 곳 중의 하나인 홍콩에서는 중국인 아주머니의 매수세에 힘입어 금괴와 금팔찌가 부족하여 팔지 못할 정도였다. 파리만 날리던 매장은 평소보다 20~40% 정도 늘어난 고객으로 활황을 누리게 되었다.

특히 일부 업체는 고객이 2배 이상 늘어 오히려 물건공급이 달리는 현상에 내몰렸다. 이러한 시장의 반전에 영향을 받아서 금가공 공장들이 완전가동에 들어가고 있다. 본토인 상하이와 베이징도 비슷한 양상을 보였다. 금괴 일부가 대량 매입에 나선 일반 아주머니에 힘입어 매진되기도 하였다. 베이징의 한 매장은 손님 수가 평소보다 3배나 많았다는 보도가 전해졌다.

중국에서의 「금」사재기는 많은 분석으로 연결되고 있다. 원저우(溫州) 상인으로 대표되는 왕서방의 탁월한 비즈니스 감각이 여타 전문가보다 한발 앞서 작동하기 시작했다는 목소리가 높아지고 있다. 중국 비즈니스맨의 수익모델은 한발 앞선 매입으로 작동하기 시작하는데 금값이 어느 정도 바닥에 진입하여 조만간 상승세로 돌아설 것이라는 점을 한 박자 빠르게 알아차리고 대처하기 시작했다는 것이다.

그동안 화교로 대표되던 왕서방들이 전세계에서 뛰어난 수완을 발휘한 곳에는 반드시 한발 앞선 대량 구매가 있었기 때문이다. 이번 금의 매입도 이런 맥락의 연장 선상이라는 분석이다. 결국, 중국의 매입 열기는 앞으로 금값의 방향타 역할을 수행하여 전세계 수급에 반전을 도모할 것이라는 전문가의 분석이다. 그러나 중국인들의 「금」매입은 중국 경제에 대한 불확실성으로 안전자산에 자신의 돈을 묻어 두려는 행태라는 분석도 있다.

2015년에 중국의 경제 성장률이 7% 이하로 하락하면서 「금」매입으로 연결되고 있기 때문이다. 더불어 전세계 경제가 다시 한번 요동칠 우려가 있어 자산의 안전한 대피처가 금이라는 점을 중국인들이 반증하고 있다는 설명도 설득력을 얻고 있다.

결국, 중국의 경제적 지위가 높아지면서 중국 아줌마의 움직임에 세계시장이 요동치고 있으며 주요한 상품의 가격 흐름을 바꿔 놓을 정도의 위력을 발휘하고 있는 것이다. 특히 세계에서 압도적으로 많은 외환보유고를 바탕으로 중국의 세계시장 지배력은 더욱 커질 수밖에 없을 것이라는 점을 방증하고 있다.

14

철(鐵)을 사랑한 중국

근대 경제사의 핵심 철강산업

1957년 마오쩌둥(毛澤東)은 모스크바에서 열린 국제회의에 참석하여 자신감에 찬 어조로 자본주의와의 대결에서 사회주의가 승리할 것이라고 선언하였다. 국내로 돌아와 그가 첫 번째로 행한 명령은 인해전술을 바탕으로 경제를 초고속으로 발전시켜 그 당시 G2(주요 2개국)의 대열에 올라서 있던 영국을 15년 안에 추월하자고 자국민을 다그치는 것이었다. 상부의 명령은 하부의 거짓 과대보고와 맞물려 15년이라는 시차가 3년이면 가능할 것처럼 실적이 과대 포장되는 기적(?)이 일어났다.

이 과정에서 중국이 가장 중시한 것은 경제발전의 척도이자 산업의 쌀이라고 일컬어지는 철의 생산량을 늘리는 것이었다. 철강 생산량을 늘리는 것이 모든 경제발전의 원동력이라고 생각하였다. 그 자체가 엄청난 부가가치를 양산할 뿐만 아니라 기계와 운송장비 등의 경쟁력을 높이는 기초가 되고 군사분야 우위를 높이는데도 더없이 중요했기 때문이다. 철의 생산량이 곧 국력이라고 여겨졌다. 이에 따라 1958년부터 1960년까지 '전인민 대 철강 운동'이 전개되면서 농촌에 소규모 고로 60만 개가 만들어졌다.

철강 양산을 위해 대규모의 생산단지가 필요했지만, 재정적인 어려움으로 힘들어지자 농민들이 소규모 고로로 철강을 생산하라고 강제하는 어이없는 현상이 농촌에서 빚어진 것이다. 지시를 거역할 수 없었던 농민(대략 1억 명)은 농기구나 양철 등을 고로에 녹여 내는 방법으로 목표를 채울 수밖에 없었다. 그것도 얼마 가지 않아 한계를 드러내면서 실패로 막을 내렸다. 얼마 후에 철의 생산량을 늘리기 위한 도전이 다시 시작되었다.

문화대혁명의 바람이 거세던 1960년대 후반부터 10년간 중국정부는 자립갱생(自立更生) 운동을 전개하면서 2,800개의 소형 고로를 만들었다. 경제가 외세에 의존하지 않고 독자적으로 서기 위해서는 철에 대한 생산 확대가 필수적이라면서 자체 생산시설을 여러 곳에 만들었지만 역시 신통한 성과를 거두지는 못하였다. 1978년에 개혁개방의 깃발이 올려 지면서 철강은 또다시 주목을 받는다. 기존처럼 인해전술을 쓰기보다는 효율성을 강조하면서 보산철강이라는 회사를 만들고 대규모 공장건설에 나서 1985년부터 가동에 들어갔다.

공급과잉으로 경제에 부담

중국은 놀라운 경제발전에도 불구하고 2000년까지만 해도 세계 철강사 전면에 나서지 못했다. 조강 생산량이 1.3억 톤에 그쳐 세계에서 차지하는 비중이 15%에 불과하였다. 그러나 그로부터 10년 후 중국은 전세계 10대 철강업체에 3개(2위 보산철강, 6위 강소사강, 9위 안산강철)를 진입시키면서 조강생산량 비중을 44%로 끌어 올렸다. 경쟁자 없는 1위로 전세계 철강시장을 쥐락펴락하는 단계에 진입하였다.

특히 철강산업을 국가 차원의 전략산업으로 채택하고 5년마다 현황을 짚어보고 새로운 지원책을 세우면서 1990년대 후반부터는 조강생산량이 경제성장률과 같은 흐름을 타는 고공 행진 양상을 보였다. 또한, 지방정부도 세수증대와 경제성과를 과시하기 위해 잇따라 철강공장 건설에 나서면서 고용증대에도 톡톡히 한몫하였다.

1950년대부터 추구해온 철강 강국의 염원이 이뤄지면서 벅찬 감격에 휩싸이는 것도 잠시였고 그에 따른 부작용이 나타나기 시작하였다. 2005년부터 생산량이 수요를 웃돌면서 전세계 철강원료를 빨아들이는 블랙홀이 되었다. 자국 내 원료는 최대한 사용을 자제하면서 외국 광산에서는 왕성한 식욕을 보여 여타 국가의 눈총을 받고 있다. 더불어 외국광산에 100억 달러 이상을 투자하면서 그 가격을 올려놓고 외국에 공장도 건설하여 그 지경을 넓히고 있다. 또한, 자체적으로 소비하지 못하는 물량은 가격경쟁력을 지렛대 삼아 한국을 비롯한 동남아 국가로 쏟아내 시장을 교란하기도 하였다.

철은 중국경제를 지탱하는 기간산업이다. 또한, 비효율을 상징하면서 돈과 에너지를 먹는 하마가 되고 있다. 더욱이 그 부담이 중국에만 머물지 않고 이웃은 물론 전세계 철강시장에 엄청난 후폭풍을 일으키고 있다. 중요한 점은 특정 산업을 이해하고 세계 시장을 예측하는데 중국 변수는 핵심변수가 되고 있다는 점이다. 중국의 시나리오를 이해하는 것이 세계 시장을 이해하는 선결 요건인 셈이다.

15

유학생 귀국 물결에 창업 붐 형성

:: 나가면 오지 않았던 그들

중국에 유학생의 물결이 일기 시작한 것은 개혁개방 이후이다. 미국을 비롯한 선진국에서 첨단지식을 배워 고국의 발전에 이바지한다는 것이 본래의 목적이었지만 얼마 전까지만 해도 이는 헛구호에 불과하였다. 한번 나가면 다시 돌아오지 않아 인력과 자원(돈)의 낭비라는 지적이 일면서 유학을 규제해야 한다는 목소리까지 나왔지만, 이제는 다른 상황이 전개되고 있다. 특히 첨단 기술과 외국어 등으로 무장한 유학생들이 귀국하여 조국에 둥지를 틀면서 중국의 글로벌 비즈니스를 선도하는 역할을 하고 있다.

2천년대 초반에는 유학은 이민(?)을 의미하였다. 2천년에 외국으로 떠난 학생은 3만9천명에 달했지만 같은 해에 귀국한 인원은 9천명에 불과하여 심각한 출국자 초과현상을 보였다. 금융위기가 발생한 2008년에도 18만명이 떠났지만 돌아온 인원은 7만 명을 겨우 넘는 수준이었다. 그러나 이제는 새로운 양상이 출현하고 있다.

2013년 출국 유학생 규모가 41.4만 명으로 전년 대비 3.6% 증가한 반면, 귀국 유학생 규모는 35.4만 명에 달하여 전년 대비 29.5% 증가하면서 '나가면 돌아오지 않는다'는 중국 유학생의 판도에 변화가 일기 시작하였다. 조만간 귀국자가 출국자를 추월할 것이라는 예측이 나오면서 유학생이 중국 중소기업의 국제화를 도모하고 있다는 칭송까지 나오고 있다.

중국 교육부 통계에 의하면, 1978년~2014년 말까지 중국의 외국유학생 인원은 총 352만 명으로, 이 중 절반 정도가 귀국한 것으로 추정된다. 이는 중국 정부의 적극적인 유인책과 중국 내 풍부한 비즈니스 기회 때문으로 이해되고 있다. 중국은 정부 주도로 귀국 유학생들의 창업을 장려 및 지원하기 위해 전국 각지에 유학생 창업원(留學人員創業園)을 건립하여 다양한 혜택을 제공하고 있다.

《 중국 귀국유학생과 유학생 창업원 수 》

연도	귀국유학생 수	유학생창업원 수 (누계)
2014년	364,800	(미발표)
2013년	353,500	(미발표)
2012년	272,900	260
2011년	186,200	160
2010년	134,800	150
2009년	108,300	149
2008년	69,300	115
2007년	44,000	115
2006년	42,000	110
2005년	34,987	110
2004년	24,726	110

(출처: 중국 국가통계국, 인력자원 및 사회보장부, 교육부 및 기타 언론 발표자료)

 천의 얼굴 중국시장 체크포인트

◦◦ 창업원이 유학생 보금자리

300여 곳에 육박하는 창업원(일종의 인큐베이터)에 입주할 경우 외부전문기관의 평가를 거쳐 파격적인 대우를 받는다. 베이징 시내 인큐베이터에 입주하면 베이징시 예산으로 10만 위안의 창업비 무상지원을 받기도 하며 특히 능력이 우수한 자에게는 국가 및 베이징시 외국 고급인재 도입 프로그램에 따라 정부예산에서 1인당 100만 위안의 지원금이 제공되기도 한다.

이 목적으로 중국정부는 과학기술 분야 등에서 국가적인 우수인재 1천명을 육성하기 위해 중국계 외국 석학을 영입하는 프로그램으로 '천인계획(千人計劃)'에 시동을 걸었는데 4년 만에 4천여 명의 과학자들이 모국으로 돌아와 2012년 9월에는 「만인(萬人)계획」으로 확대하였다.

만인계획은 외국 고급 인재와 중국 내 우수 인재 1만 명을 10년 동안 키우겠다는 내용을 골자로 하고 있어 유학생의 귀국 독려정책에 원동력이 되고 있다. 또한, 유학생이 창업하는 경우 3년에 걸쳐 인큐베이터 임대료를 할인하며 소액 신용대출 혜택도 주어진다.

대표적인 유학생 창업 기업으로 아이소프트스톤(중국명 롼퉁둥리)사가 거론된다. 이 회사는 중국에서 S/W 수출을 주도하는 20대 기업으로 성장하여 종업원 15,000명 규모의 세계적인 시스템통합(SI)업체로 명성을 떨치고 있다. 2014년에는 국제아웃소싱협회(IAOP)에 의해 '2013년 100대 글로벌아웃소싱서비스기업'에 선정(순위 35위)되기도 하였다.

그동안 중국 발전의 원동력은 외자이었다. 다양한 혜택을 내세워 외자가 들어오도록 하는 것이 중국 경제정책의 핵심이었다. 그러나 이제

는 우수 인재가 중국으로 돌아오게 하는 것이 중국 경제정책의 근간이
다. 특히 유학생은 글로벌 비즈니스맨으로 경쟁력을 갖고 있는데다 중
국시장도 잘 알고 있어 중국의 새로운 경제 주역으로 발돋움하고 있
다.

2장

FTA로 중국시장 올라타기

한·중 FTA 주요 내용: 상품

▚ 관세인하로 가격경쟁력 지렛대

2012년 5월 한·중 FTA(자유무역협정)가 공식 협상에 돌입한 이후 30여 개월 만에 공식적으로 타결된 데 이어 2015년 말부터 본격적인 시행에 들어갔다. 중국은 우리에게는 가장 큰 시장으로 미국, EU, 일본을 합친 비중을 가진다. 수출액 면에서 미국보다 크다는 단순한 수식어로는 적절치 않은 수준으로 그 격차가 상당하다.

양국은 협상선언과 동시에 협상의 큰 틀인 자유화율에 대한 합의를 이끌어 내었다. 품목 수 기준으로 90%, 수입액 기준 85%에 대해 양측이 각각 관세를 철폐하기로 의견을 모은 것이다. 한·중 FTA는 중국이 현재 20여 개 국가와 FTA를 체결하고 있는데 제조 강국과 맺은 첫 번째 FTA라는 측면에서 남다른 의미가 있으며, 향후 한·중·일은 물론 중국이 주도하는 여타 거대 경제권 FTA에도 이번 사례가 시금석이 될 전망이다.

실제로 타결된 수준은 중국은 품목수 기준으로 90.7%(수입액 기준 85%)에 달해 당초 약속이 지켜졌으며, 우리 측 자유화율은 품목 수 기준으로 92.1%(수입액 기준 91.2%)에 달했다. 우리가 좀 더 개방한 것 같지만, 우리가 수출은 많고 수입이 적은 무역 흑자국이라는 점을 고려하던 지엽적인 문제이다.

이를 좀 더 세분해 보면 중국은 품목 수 71%(5,846개)에 대해 10년 내 관세철폐를 약속하였다. 중국의 전체 수입품목 91%(수입액 85%, 20년 내)에 대한 관세가 단계적으로 철폐됨에 따라, 중국 내 주요 경쟁국인 일본, 대만, 미국, 독일 등에 비해 유리한 경쟁 조건을 확보했다고 할 수 있다.

철강(냉연·열연·도금강판 등)·석유화학(프로필렌·에틸렌 등) 등 일부 주력 소재 제품에 더하여 패션(의류·액세서리 등), 영유아용품, 스포츠·레저용품, 건강·웰빙제품(의료기기 등), 고급 소형 생활 가전(밥솥·믹서 등) 등에서 혜택이 예상된다. 이런 변화를 무역에 잘 반영할 경우 기존 가공무역 위주의 대중국 무역이 내수시장 진출을 겨냥하는 방향으로 변화될 것으로 기대된다.

:: 90% 이상 관세 단계적 인하

반면 한국은 품목 수 79%(9,690개)에 대해 같은 조치를 하기로 합의하였다. 기존에 미국 및 EU와의 FTA와 크게 다른 점은 농산물 보호에 신경을 썼다는 점이다. 전체 농수산물 중 614개 품목(수입액 30%)을 양허대상에서 제외하고, 저율 관세할당(TRQ), 관세 부분감축 등 예외적 수단을 확보하여 총 670개(수입액 60%) 품목에 대한 관세는 유지하는 것으로 결론을 내렸다.

대표적으로는 쌀, 양념 채소류(고추, 마늘, 양파 등), 배추, 오이, 우유, 계란, 인삼, 육고기(쇠고기, 돼지고기 등), 과실류(사과, 감귤, 배 등), 주요 어류 (조기, 갈치, 오징어, 넙치 등) 등이 양허 대상에서 제외되었다.

《 한·중 FTA 상품분야 협상결과 》

전체	중국 한 → 중 수출 시 적용		한국 중 → 한 수출 시 적용	
	품목수	수입액	품목수	수입액
전체	90.7%	85.0%	92.1%	91.2%
10년 내	71% (5,846개)	66% 1,104억 달러)	79% (9,690개)	(623억 달러)
20년 내	91% (7,428개)	85% (1,417억 달러)	92% (11,272개)	91% (736억 달러)

한·중 FTA 주요 내용: 규범과 협력

●● 광범위한 내용 한·미 FTA와 유사

한·미 FTA 협정서는 국문을 기준으로 1,125페이지(영문은 1,171페이지)에 달한다. 24개 장으로 구성되어 있어 그 분야도 방대하다. 단순한 서류 문서가 아니라 전방위적인 국가 대 국가 간 약속이다. 한·중 FTA드 22개 장으로 구성되어 한·미 FTA에 버금가는 분량의 협정서가 탄생하였다.

여기에는 양 국가의 규범을 투명하게 만들고, 향후 정기적인 협력 채널을 만드는 내용이 들어가 FTA가 단순히 일회성 협정이 아닌 양국 간 긴밀한 경제 및 경제 외적인 협력의 틀임을 보여주게 된다. 특히 경쟁정책 측면에서 투명성, 절차적 공정성, 비차별 원칙 등 경쟁법 집행 원칙이 보장되어 외국기업이기 때문에 당하는 설움이 상당 부분 해소될 것으로 기대된다.

더불어 공기업 등에 대한 경쟁법 적용 의무 규정과 경쟁 당국 간 협력 의무 등을 명시하여 공정한 법집행을 강조하고 있다. 특히, 상대국 정부의 반독점행위 조사 시 우리 기업에 대한 차별적 법집행 방지 등 우리 기업을 보호하는 장치가 마련되었고, 중국 국유기업에 대해서도 경쟁법 상 의무가 적용되도록 하여 우리 기업과 중국 국유기업 간에도 공정하게 경쟁할 수 있는 법적 근거가 강화되었다. 또한, 지적재산권에 대한 보호의무를 강화하여 실연자(performer)와 음반제작자의 보상청구권을 규정하고, 저작권과 저작인접권의 기술보호조치, 권리관리정보 보호를 문서로 밝혔다. 방송 보호기간을 20년에서 50년으로 연장하였다.

정기적인 점검 방안 마련

외국의 유명 상표보호 강화를 규정하여 중국기업의 악의적인 상표 선점이나 유사 상표 등록을 방지하고, 상표 등록 및 이의 절차를 보장하는 등 우리 기업의 상표권 보호 장치도 마련하였다. 특히 실용신안권 분쟁 시 근거자료를 제출하도록 하여 우리 기업에 대한 중국 실용신안권자의 소송남발 등 권리 주장 남용을 방지하는 장치를 마련하였다.

한·중 FTA의 또 다른 성과는 정부 간 다양한 채널을 마련하여 FTA 진행과정에 대해 정기적으로 점검하는 틀을 강화하였다는 점이다. 대표적인 예가 다음과 같은 협력 등이다.
　① 산업협력(철강, 중소기업, 정보통신, 섬유),
　② 농수산협력
　③ 정부조달(추가협상 포함)
　④ 기타협력(에너지자원, 과학기술, 해상운송, 관광, 문화, 의약품·의료기기·화장품, 지방협력)

분쟁해결의 모든 단계에서 구체적 시한을 규정하여 신속한 분쟁 해결을 유도하고, 비관세조치에 대해서는 중개절차(Mediation)를 도입하여 분쟁해결의 신속성과 효율성을 높였다.

3

한·중 FTA 주요 내용: 서비스와 투자

네거티브 리스트 서비스 개방

FTA라고 하면 상품교역에 대한 관세철폐가 최우선 과제이지만 서비스 분야의 개방도 초미의 관심사다. 특히 중국처럼 서비스에 대해 제대로 개방하지 않고 있는 국가에서는 더욱 그러하다.

이번에 서비스와 투자분야에 대해서는 중국 내 법규·제도의 정비에 상당 시일이 소요된다는 점을 고려하여서 한·중 FTA 협정서에는 우선 포지티브 자유화 방식(개방분야 열거)에 따른 서비스시장 개방 및 투자 보호를 우선 규정하고, 네거티브 자유화 방식(원칙적 개방, 미개방 분야 열거)에 따라 후속협상을 진행키로 합의하였다.

향후 2년간의 협상을 통해 서비스분야의 개방에 대한 구체적인 윤곽이 드러날 전망이다. 다행스러운 것은 네거티브 방식을 채택하기로 합의함에 따라 서비스분야의 개방 폭이 크게 넓어지는 길을 열어 놓았다는 점이다. 중국은 현재 미국과도 투자 전반에 대한 개방협상을 진행하고 있어 그 내용에 관심이 집중되고 있다.

서비스분야 주요 합의내용

서비스분야 주요 합의 내용은 다음과 같다.

① 내국민 대우

② 서비스 공급자의 수와 사업의 범위 및 사업자의 법적 형태 등을
제한하는 규제 금지

③ 국가 정책목표 달성을 위한 서비스 규제는 가능하나 불필요한 장
벽이 되지 않도록 노력할 의무

④ 서비스 관련 조치 공표 의무화

◈◈ 앞으로 2년간 협상이 고비

결국, 중국기업과 외국기업을 차별하지 않고 투자절차의 투명성을
높이겠다는 의미다. 기업들이 관심을 두고 있는 분야의 양허 내용은
법률(상하이 자유무역지대 내 중국 로펌과 합작), 건축·엔지니어링(한
국실적 인정), 건설(한국실적 인정), 유통(취급금지품목 완화), 환경(하
수처리서비스 개방), 엔터테인먼트(entertainment, 한국기업 49% 지분
참여 허용) 분야를 우리 측에 유리하게 문을 열었다.

엔터테인먼트 분야의 지분허용은 대외저작물에 대한 까다로운 규제
장벽을 넘을 수 있는 방안이다. 중국 측과 공동제작을 하는 경우 중국
산으로 인정받을 수 있기 때문이다.

한·중 FTA에서 특이한 점은 중국 진출 우리 기업의 애로 해소를 위
한 중국 정부 내 담당기관(contact points)을 중앙·성 단위로 지정하도
록 하였다는 점이다. 중국의 특성상 관(官)을 통하는 것이 문제를 쉽게
해결하는 첩경인데 한·중 간에 애로 해소를 위한 핫라인이 개설되어
책임소재가 불명확하다는 이유로 지연되었던 현안 처리가 앞당겨질 전
망이다.

또한, 비자 원활화 부속서를 채택하여 주재원 최초 2년 주재(당초 1년)로 확대하는 데 합의하는 등 중국 내 우리 기업 활동 애로사항을 상당 부분 해소하였다는 점이다. 이는 주재원들의 시간과 비용을 절감하는데 크게 기여할 전망이다.

FTA의 최종 수혜자는 소비자

❖ 관세인하로 소비자 이익

FTA가 발효되면 수출자가 혜택을 받을 것 같지만, 그 원리는 그러하지 않다. 관세를 내지 않는 사람은 수출업자가 아니라 수입업자이다. 수입자는 관세인하 분 만큼 저렴하게 물건을 수입하여 자국 내에 공급하므로 물가안정에 기여할 수 있다.

물론 관세인하 분을 수입업자가 챙기지 않고 일반 소비자에게 돌려준다는 전제가 있어야 하고 정부는 그런 흐름이 나타나도록 유통시장을 잘 점검해야 한다. 왜냐하면, FTA로 전 국민이 이익을 보지 않고 수입업체만 배를 불린다면 그 효과가 반감되기 때문이다. 2015년에 중국과 호주는 약 10년간의 긴 줄다리기를 끝내고 FTA 협상을 마무리하여 2016년에 본격적으로 발효하였다. 여기서 소비자의 이익과 연관된 다양한 사례를 찾을 수 있다.

우선, 호주가 자랑하는 농산물 중 유제품이 빠른 속도로 저렴해질 전망이다. 호주산 유제품에 대한 관세는 9년 내 모두 철폐될 것이며, 특히 분유는 기존의 15%가 4년 내 모두 없어진다. 품질 좋은 고기도 싸게 먹을 기회가 생긴다. 쇠고기에 대한 관세는 현재의 25%에서 9년 내 면세되면서 일반인들의 식탁이 풍성해질 전망이다. 양고기는 현재의 관세가 23%인데 발효 후 8년 내 제로가 된다. 양 꼬치의 품질이 좋아지면서 가격도 내려갈 것이라는 전문가의 분석이 나와 중국 축산 농가의 고민이 커지고 있다.

✿ 중국은 호주와 명품 FTA

세계 명품의 원자재로 많이 쓰이는 호주산 피혁은 현재의 14%에서 2년 내 면세 예정이어서 가죽으로 만든 가방과 신발에 더는 산자이(山寨, 쯔-퉁)가 설 땅이 없어질 것이다. 중국 내 신생 부자들의 호주 내 투자로 많이 늘어날 전망이다.

농장투자가 유망하여 중국인들의 호주 농장주 변신이 우후죽순처럼 증가할 전망이다. 더불어 호주의 병원, 양로원, 식당, 호텔, 보험산업 등에서 앞으로 중국 진출이 쉬워졌으며, 중국인들도 이들 첨단서비스를 받는 길이 열리게 되었다. FTA는 기업인을 위하기 전에 국민을 위한 제도라는 점을 새겨둘 필요가 있다.

한·중 FTA 애로 해소방안

기업애로 해소창구 마련

2015년에 서울 강남구 삼성동 무역센터에 '차이나 데스크'가 설치되었다. 한·중 FTA 발효 전부터 우리 기업들이 선제적으로 준비해 나갈 수 있도록 한·중 FTA 활용에 필요한 각종 정보와 컨설팅 등을 원스톱으로 지원하고 있어 중국 관련 비즈니스를 진행하는 기업들이 주목해야 할 곳이다.

차이나 데스크는 관세·인증·지식재산권 등의 외부 전문가와 코트라·대한상의·무역협회·aT센터 등 수출지원 관계기관에서 파견받은 내부 전문가로 구성되어 있으며, 상담수요 등을 고려하여서 한·중 FTA 발효와 동시에 표준, 위생·검역 부문 등에 대한 전문가 추가 배치작업이 이행되고 있다.

차이나 데스크를 이용하고자 하는 기업들은 국번 없이 1380(FTA 콜센터)으로 전화(또는 인터넷 www.fta1380.or.kr 접속)하거나 방문(한국무역협회 3층)을 통해 언제든 무료로 상담과 지원사업을 안내받을 수 있다.

특히, 한국무역협회 FTA 무역종합지원센터는 콜센터의 전화번호인 '1380'의 상담 수요 증가에 대비하여, 콜센터의 운영시간도 기존 9~18

시에서 8~20시로 확대하여 우리 기업들의 FTA 활용에 필요한 지원 창구의 기능을 강화하고 있다. 중국에 진출한 기업도 인터넷이나 인터넷 전화 등을 통해 손쉽게 접속할 수 있다.

❖ 궁금하면 1380으로 SOS를

차이나 데스크 업무를 세분화하면 FTA 관련 홍보활동, 상담서비스, 시장진출 및 투자유치로 구분된다. 홍보활동 강화를 위해 전시회 등 무역현장에 이동상담 데스크를 운영하며, 온라인 및 오프라인 홍보채널도 운영한다.

상담은 1차적으로 관세양허 내용을 알려주는 기본상담과 원산지 기준 등에 대해 전문가가 맞춤형으로 정보를 제공하는 심층상담으로 나뉜다. 시장진출을 위해서는 경영지원, 지재권보호, 수출인큐베이터 소개 등을 중점적으로 실천에 옮기게 된다. 비관세 장벽의 발굴을 통한 중국진출 기업의 경영여건 개선과 애로 해소도 차이나 데스크의 중요한 업무로 부여되었다.

한국무역협회 북경지부는 물론 코트라 중국본부와 한국상회는 중국 내 현지 네트워크를 통해 기능별(법률, 통관, 회계 등) 및 산업별 심층상담을 진행하고 있다.

6

자유무역협정과 자유무역구의 차이점

✴ 이름은 비슷해도 전혀 다른 내용

중국 언론에서 한·중 자유무역협정(FTA)과 자유무역구(FTZ)에 대한 뉴스를 쏟아내면서 서로 혼용하여 사용하고 있다. 중국 정부는 상하이 자유무역구에 이어 광둥(廣東)·톈진(天津)·푸젠(福建) 등 3곳에 자유무역구를 동시에 출범시켰다. 기존 상하이 FTZ도 루자쭈이(陸家嘴) 금융지구, 진차오(金橋)개발구, 창장(長江) 첨단기술단지 등을 새로 포함해 면적을 28.8㎢에서 120.7㎢로 확대됐다.

톈진 FTZ는 북방에서의 첫 자유무역구로, 수도권 일체화 사업인 '징진지(京津冀)' 프로젝트와 협력적으로 발전하게 되며, 물류분야 장점이 주목된다. 푸젠 FTZ는 대만과 가까운 거리에 있다는 특징을 이용해 양안(兩岸) 관계 발전과 해상 실크로드 구축이 핵심이고, 광둥은 인근 홍콩, 마카오와 경제협력이 주요 현안으로 부상하고 있다. 중국에는 총 4개의 자유무역구가 설치되어 있는데 이곳에 입주하는 기업에 규제를 크게 완화한 게 특징이다.

국무원이 발표한 '4대 자유무역구 총체 방안'에 따르면 자유무역지대는 개혁을 선도하고 각종 제도 혁신의 시험장 역할을 하게 된다고 밝혔다. 특히 투자에 대한 규제가 대폭 완화되어 다른 지역에서는 불가능한 영업 행위가 자유무역구에서는 가능하게 된다. 외자기업 입장에서 중국 내 진출범위가 크게 확대되는 것을 의미한다. 여기서 중요한 포인트는 이들 지역에서는 외자기업은 국별로 차별을 받지 않는다는 점이다.

∷ 지역별 자유무역구 확대 추세

기본적으로 4곳 자유무역구에 동일하게 적용될 네거티브 리스트(외국인 투자의 개방에서 제외되는 분야 명단) 항목은 기존 139개에서 122개로 줄었다. 상하이 자유무역구의 초기 개방제한리스트는 190개였다.

네거티브 리스트 개방은 언급되지 않는 모든 분야에 대해 외국인 투자가 허용되는 방식을 의미한다. 반면 FTA는 특정국가와 관세를 없애고 투자제한을 완화하는 것이다.

중국의 특정지역과 관련이 없이 중국 전역에 적용되는데 한국 상품이고 한국 기업의 투자이어야 혜택을 준다. 다른 나라의 제품이나 기업에는 적용되지 않는다는 특징이 있다. 결론적으로 FTA는 특정 국가 간 협정(약속)이고 FTZ는 중국 내 일방적인 국내 정책이다.

북·중 호시무역구의 재등장

❖ 소규모 면세거래 무역구

2015년에 중국과 북한 간 접경도시인 단둥에 호시무역구가 출범하였다. 총면적은 24,000㎡인데 이곳은 4개 구역으로 나뉘어 북한과 중국기업이 입주하게 되는 것으로 알려졌다. 2016년 4월에 송이·인삼 등 농수산물을 취급하는 북한기업 40~50개 정도가 입주할 예정이라고 한다. 물론 중국기업도 가세하고 있으며, 한국기업도 입점할 수 있다는 뉴스가 나오고 있다. 그러나 한국기업은 입점하더라고 면세혜택을 받을 수 없다는 점에 유의해야 한다.

호시무역구는 중국 정부가 접경지역 주민의 경제발전 지원과 밀무역 차단을 위해 만들어놓은 제한적 자유무역지대다. 호시(互市)란 변경지역이나 항구에서 외국과 교역하는 것을 말하며, 국경으로부터 20Km 이내에 거주하는 사람들이 하루에 1인당 8천 위안 이내의 물건을 구매할 경우 면세로 취급하는 특권을 누릴 수 있다. 기존에는 1인당 하루에 구매 한도가 5천 위안이었지만 2015년에 8천 위안으로 상향 조정되었다. 북한과 중국의 변경지역 거주민들은 여권이 아니라 통행증이라는 더욱 간편한 서류를 통해 손쉽게 국경을 넘어 호시무역에 참여할 수 있다.

◈ 변경무역의 한계 극복 필요

그동안 중국은 러시아 및 북한과의 경제협력 강화를 위해 변경무역에 적지 않은 신경을 써온 바 있다. 중국과 접경을 두고 있는 나라가 적지 않은데 그중에 베트남, 러시아, 북한 등이 변경무역에 비교적 활발하게 임해왔다.

북한과 중국 간에 경제교류가 다소 침체하면서 변경무역도 소강상태를 보였는데 단둥 호시무역구의 등장으로 새로운 전기가 마련될지 주목된다. 일단 북한의 저렴한 농수산물이 중국인의 선택을 받는데 다소 유리할 수 있지만 대부분 소규모 거래인데다 제품이 다양하지 못해 한계가 있다는 지적도 있기 때문이다.

단둥의 호시무역구는 일단 라오닝성 경제무역 담당 부서에서 직접 관장하지만, 실제 운영은 민간회사가 책임지게 된다. 만약 북한과 중국 간에 호시무역이 활성화되면 북한의 소규모 수출이 증가하고 중장기적으로는 북한 내 장터 활성화에 긍정적인 작용을 할 것으로 기대된다.

3장

복잡한 중국 무역장벽 뛰어넘기

1

임시 수출입 요건과 절차

재반출용 통관 시 주의

임시 수출입에 관한 관심이 높아지고 있다. 첨단기술 제품의 테스트나 일시적인 경제 및 문화교류 활동이 잦아지고 있기 때문이다. 일반적으로 국제조시(외국정부)나 기업(민간단체)이 경제적인 목적이나 기타 교류(과학 및 문화적 목적 등)를 위해 다시 반출을 전제로 중국에서 수입하는 것을 임시수출입방식이라고 한다. 수출상으로부터 수입상에게 소유권이 이전되는 것과 달리 중국에서 들어오되 다시 국외로 나갈 것을 수입 통관 시 신고하게 된다.

시험장비나 전시용 물품이 대표적이고, 중국에 들어와 영화를 찍을 때 쓰이는 도구나 복장 등도 임시수출입 허가를 받아야 한다. 그럼 임시 수입 허가를 물건의 해관 도착 후 받아야 하는지, 아니면 그전에 받을 수도 있는지 등 관련 절차가 관건이다.

임시 수출입은 해당 지역 주관 해관에 신청해야 하며, 해당 해관에서는 관련 신청서류 접수일로부터 20일(근무일 기준) 이내에 허가 여부를 결정한다. 일반적으로 용기나 물류설비 등을 제외한 일반 제품은 도착 후 임시 수출입허가를 받으며, 소요기간은 7-15일 정도 소요된다. 결국, 물건 도착 후에 비준을 받고 반출까지 15일 정도 여유를 갖고 응해야 한다는 의미다.

담보금 등 비용부담 저울질 필요

담코금(관세와 증치세)을 납부하고 통관해야 하며, 다시 한국으로 재수출하는 경우 그 기간을 잘 고려해야 한다. 예를 들어 천진은 수입 시 미리 지급한 보증금액(관세 + 증치세)을 돌려받는데 절차 진행 후 2~3개월 정도 소요된다고 한다. 다만, 임시 수출입은 중국 내 수입자가 수출입 권한이 있어야 가능하니 이 점에도 유의해야 한다.

물류대행 업체를 선정할 때 수출입권한 여부를 확인해야 한다. 또한, 중국 내 통관은 세관과 담당자에 따라 다소 다른 경우가 적지 않으니 먼저 물류회사를 선정하여 직접 협의 후에 진행하는 것이 반드시 필요하다. 물류회사를 통하면 대행수수료가 발생한다는 점도 고려해야 한다. 통상 보증금액은 수입할 화물이 납부해야 할 세금과 일치한다. 또한, 해관에서 인정하는 기타 담보를 제출하는 것도 가능하다.

임시 수출입 시 화물의 소유권은 계약서 내용에 따라 결정된다. 임시이기 때문에 완전한 소유권 이전은 발생하지 않지만, 편의상 계약서를 통해 언제까지 사용하고 화물 소유권을 언제 이전할 것인지를 구체적으로 명기하는 것이 좋다.

일반적인 무역관행은 위험과 비용의 분기점을 따로 규정하거나 인코텀스(International commercial terms)에 의해 국제적인 규칙을 따르게 된다. 만일 따로 규정하지 않았을 때 CIF(운임 및 보험료 포함 가격)의 조건에 따라서 한국에서 중국으로 수출하는 경우가 일반적인데 이러면 수출상 위험부담은 화물의 선적 완료까지이고, 비용은 목적항(수입항)까지 수출상이 부담해야 한다.

그럼 임시 수출입 허가 관련 필요 서류가 무엇일까? '중국해관 임시 수출입 화물관리방법'의 규정에 따르면, 선적인 이나 수령인은 담당 해관에 화물임시수출입신청서, 임시수출입화물의 리스트, 관련 영수증 및 계약서, 임시 수출입 화물의 용도(테스트용 등) 관련 설명자료와 해관에서 요구하는 기타 서류를 제출해야 한다고 명시하고 있다. 중국에 임시 통관된 물건이 머물 수 있는 시간도 유의해야 한다. 용도에 따라 소요기간이 다르고 제대로 관리하지 않으면 그 기간을 초과할 수 있기 때문이다.

❖ 현지판매 시 사전허가 필수

해관의 허가를 받아 임시 수출입한 화물은 6개월 이내에 반입(반송)해야 하며, 특별한 경우 담당 해관의 승인에 따라 화물의 체류기간을 연장할 수 있다. 단, 체류기간 연장은 최대 3회, 매번 최장 6개월로 제한되어 있다.

한편 중국으로 임시 수출 후 바로 현지 판매는 불가능하지만, 중국에서 수입 후 6개월 이내에 해관에 현지 판매를 진행하겠다고 신청하면 가능하다. 신고서, 송장(invoice, 送狀)를 가지고 해관 쪽에 문의하면 제품 상황을 판단하여 제출할 서류 및 처리 방법을 안내받을 수 있다.

또한, 만일 임시 수출입신청이 거부될 경우 임시 수출입방식으로 통관할 수 없게 되니 사전에 철저한 체크가 필요하다.

2

중국형 종합상사제도

⠿ 중국에서 상사제도 태동

중국에 전문상사인 종합무역서비스업체(外贸综合服务企业)가 있는데 중소형 생산업체들에 물류, 통관, 금융, 세금환급(수출 후 부가세 환급), 보험 등을 제공함으로써 수출입의 효율성을 높이고 거래원가를 낮추는데 기여하고 있다. 중국 정부 차원에서 이들 기업에 대한 구체적인 지원책은 현재로선 없다.

2013년 7월 24일 국무원 상무회의에서 무역 편리화를 추진하고, 수출입의 안정적인 발전을 위해 '국6조(国六条)'를 추진한다고 발표하였으며, 이 중 제4항에 따르면 종합무역서비스 업체가 중소업체에 종합무역서비스를 제공하는 것을 지원한다고 밝혔다.

⏻ 국6조(国六条) 주요 내용

① 전국 항구에 편리한 통관방법을 제정하고 시행
② 수출입 관련 비용을 낮추고 일부 수출상품의 법정 검역비용을 임시로 면제
③ 금융기관에 의한 프로젝트 지원 확대
④ 종합무역서비스업체가 중소업체에 융자, 통관, 세금환급 등 서비스를 제공하는 것을 지원

⑤ 상품수출을 지원하며 수입 어음 할인액 규모를 확대

⑥ 인민폐 환율을 합리적인 수준에서 안정적으로 유지

∷ 물류대행과 세금환급 역점

선쩐, 둥관, 항저우 등에 집중된 종합무역서비스업체는 수출입업무와 관련된 각종 서비스(물류, 통관, 융자, 세금환급, 보험 등)를 1개의 통일된 플랫폼에 통합하여 중소업체들에 서비스를 제공하고 있다.

대표적인 회사로 후이푸그룹(汇富集团)을 손꼽을 수 있는데 연구개발, 생산, 통관, 물류 등을 제공하면서 3,600개 중소 수출기업을 고객사로 확보하고 있다고 한다. 광신다그룹(厂新达)은 제3자 방식의 종합무역서비스 B2B 플랫폼으로 국제무역을 하는 업체들에 원스톱서비스로 통관, 세금환급, 공장 알선, 상품 알선, 융자, 국제 택배, 보험 등 서비스를 제공한다.

이다퉁회사(一达通)는 2010년 알리바바에 의해 인수된 회사로 중소업체 및 개인 사업자에게 무역 서비스를 제공하는데 고객 수가 1만 개에 달한다고 한다. 중국에서 상사는 역사가 짧은 업태로 상사기능을 완전히 확보했다고 보기는 아직 이른 편이어서 수출입 알선기능이 있는 곳은 극히 일부 업체에 불과하다.

3

부품조립 후 효율적인 수출입

◆◆ 조립 시 물류원구 이용 검토

중국에서 여러 가지 부품을 구매하여 한국에서 조립 생산하고 있는 업체로 중국에서 개별적으로 부품을 납품받는 관계로 물류비가 많이 들고, 여러 건의 수출입이 동시에 발생하여 업무량도 많고 하여, 중국에서 탄제품으로 조립하여 한국에서 수입하면 인건비와 물류비를 절감할 수 있어 이에 대한 고민하고 있다.

부품을 중국 내 한 곳(거래처)으로 보내면 그곳에 부품을 인도한 업체는 스출 실적으로 인정받지 못해 15%에 달하는 증치세 환급을 받지 못하는 문제가 있다. 또한, 부품을 중국 내 현지 업체로 보낸 업체는 한국에서 수출대금을 직접 수취하는 것도 어려운 상황이다. 중국에서 여러 회사 부품을 모아서 조립한 후 수입하되 납품한 업체에는 수출실적 인정과 대금의 직접 송금이 가능한 방법은 없을까?

위 같은 경우 가장 현실적인 대안은 보세물류원구를 이용하는 것이다. 중국에는 상하이 등 8개 지역에 물류원구가 항구가 인접한 곳에 있다. 보세물류원구는 중국 정부에서 특별히 허가한 지역으로서 이곳에 물건을 반입시키면 실제로 중국에 물건이 있더라도 증치세의 환급이 가능하다. 중국 내로 화물의 보세운송이 가능하고 내수용이면 다시 수입통관을 통해 판매할 수 있다. 제3국으로 수출하고자 하면 반송신고를 거쳐 수출하면 되므로 중계무역에 적합한 지역이라 할 수 있다.

●● 물류원구 입고는 수출로 인정

이 원구에서 여러 화물을 동일 목적항에 따라 콘솔(Consolidation)하여 한 번에 목적항으로 저렴하게 운송할 수 있고 분류, 배송, 사업성 간단 가공 등의 작업이 가능하다. 다양한 품목의 국제구매(조달)가 필요한 기업들은 중국 내 각지에서 구매한 화물 중 일부를 물류원구 내에 반입되어 집중 운송을 하기도 하고, 단순가공 후 국외에 판매하기도 한다. 따라서 위의 사례도 물류원구에서 간단한 조립을 통해 한국으로 운송할 경우 운반비 등을 절감할 수 있다.

중국 업체는 부품을 물류원구에 넣으면 곧바로 수출로 인정받기 때문에 증치세 문제와 수출대금 외화수수 문제를 해결할 수 있다. 다만, 보세구를 이용하면서 운송비, 창고비 등이 발생하고 작업범위가 제한될 수 있기 때문에 철저한 검토가 필요하다. 한국과 같은 형태의 구매확인서라는 제도는 중국에 없다.

4

가공무역 정의와 금지품목

가공무역은 세제혜택 최고

대중국 무역은 크게 가공무역과 일반무역으로 구분된다. 일반무역은 수입 후에 중국 내 판매를 목적으로 들여오는 것이며, 가공무역은 중국에서 제조 후에 한국과 제3국으로 보내는 것이 일반적이다. 한국으로부터의 수입액 중 절반 정도가 가공무역인데 수입통관 시 증치세(부가세)와 관세를 내지 않기 때문에 기업들의 부담이 많이 줄어든다. 이에 따라 중국진출 기업들은 가공무역을 통해 비용을 절감하는데 전력을 경주한다. 그런데 모든 품목에 대해 가공무역이 허용되는 것은 아니므로 주의해야 한다.

중국 해관총서는 '가공무역 금지품목 리스트'를 발표하여, 2015년 1월 1일부터 시행에 들어갔다. 해관 상품코드에 근거하여 수정한 '가공무역 금지품목 리스트'는 총 1,871개의 품목으로 구성되어 있다. 가공무역 금지품목 리스트에는 포함되지는 않지만, 가공무역 금지품목으로 관리되는 상품도 있다. 재배와 양식 후 수출을 위해 수입하는 종자, 묘목, 화학비료, 사료, 첨가제 등은 가공무역이 금지된다. 모조 총기류의 생산 및 수출도 마찬가지로 금지된다.

매년 변경되는 가공무역 리스트

이런 금지품목이 발표되기 전에 공상행정관리국에 등록하고 해관 특수 관리감독구역에 설립되어 관련 상품의 가공무역에 종사하는 기업은 규제에서 제외된다. 또한, 2015년에 신규로 추가된 '가공무역 금지품목 리스트'에 포함되는 품목이라도 2014년 12월 31일 전에 상무부 주관부서의 허가를 받은 가공무역 업무는 계약서 유효기간 내에 완성하면 된다. 유효기한 내에 제조가공을 완성하지 못했을 경우 기한을 연장할 수 없다.

그럼 가공무역이 금지된 품목은 무역이 중단되는가? 아니다. 가공무역 금지품목은 일반무역으로 전환하여 무역을 진행하면 된다. 수입 시 증치세와 관세를 낸 후에 통관을 진행하고, 외국으로 선적한 후에 수출신고를 한 후에 이미 납부한 증치세에 대해 환급을 받으면 된다. 한편 2015년에 중국 정부가 실행하고 있는 '가공무역 금지품목 리스트'는 중국 상무부 사이트에서 확인할 수 있다.

5

가공무역 중 발생한 부산물처리

∷ 작업부산물도 잘 관리해야!

중국에서 스테인리스 임가공 무역에 대한 계약(내료가공무역)을 체결하고 그 이행과정 중 스크랩이 발생하였다. 이때 스크랩을 중국 시장에 팔 수 있을까? 원래 가공무역은 수입 시부터 관세와 증치세를 면제받는 대신 중국 내수에 공급할 수 없도록 규정하고 있다. 가공무역을 위해 수입되었으면 제조된 물건은 외국으로 다시 나가는 것이 원칙이다. 물론 물류원구를 이용해서 내수를 하는 방법이 있지만 말이다.

중국에서 스테인리스를 임가공 하는 과정에서 발생한 스크랩을 중국 내에서 판매할 경우, 우선 중국세관에 스크랩 내수판매 신고를 해야 한다. 이때 매각하고자 하는 스크랩(边角料) 물량이 세관이 인정한 단위소모량(单耗)이내 이면, 세관은 신고한 스크랩에 해당하는 적용세율과 내수 판매 시 스크랩 참고가격에 의해 과표를 산출한다. 이때 스크랩 내수판매에 따른 세금 연체이자는 면제된다. 참고로 중국해관에서 발표한 스테인리스 스크랩 매각 참고 가격은 3.1위안~10.6위안(kg당)이다.

이어 세관이 인정한 단위소모량(单耗) 을 초과하여 발생한 스크랩이나 기타 작업 폐기물을 매각하는 경우에는 세관에 매각대상 물량에 대해 면세받았던 관세, 증치세를 먼저 신고 납부한 후에 매각해야 한다. 임가공비를 일부 스크랩으로 대체할 수 있으나 스크랩으로 대체한 임가공비 부분을 세무기관에 정확히 신고해야 나중에 세금 등에 문제가 발생하지 않는다.

매각 시 세금을 먼저 납부

더 주의할 점은 가공무역 수입원자재는 관세와 증치세가 면세돼 수입되기 때문에 스크랩 등 작업폐기물의 폐기, 매각, 보관을 정확하게 사후 관리해야 한다는 점이다. 더불어 세관이 인정한 스크랩 발생량과 실제 발생수량을 제대로 관리하는 것도 신경을 써야 한다.

스크랩을 중국 내에 파는 경우 매각 대금보다 세금이 더 많을 수가 있기 때문에 스크랩을 한국 업체로 역수출하는 것이 유리한 예도 있지만, 이 경우에는 수출대금에서 운송비와 수출세(중국에서는 스크랩에 특별히 수출세 부과 중이다. 2015년 기준 스테인리스 스크랩 수출세는 40%)를 공제한 금액을 중국 국내 매각대금에서 세금을 공제한 금액과 비교하여 회사에 유리한 쪽을 선택하면 된다.

우유 수입 시 세금내역

:: 관세 외에도 증치세도 고려

중국에서 인기가 있는 먹거리 중 음료수, 홍삼, 김 등의 관세율은 15% 이상이며, 통관 시 납부해야 하는 증치세(부가가치세) 17%까지 추가하면 실제 가격 대비 35% 정도 높아지고, 음료수는 심지어 60%에 육박한다.

중국은 농수산물 수출대국이지만 농산물에 대한 관세가 높은 편이고, 우리나라에서 10%인 부가가치세가 17%로 높기 때문이다. 여기서 유의할 점은 세금을 부과하는 기준이 제품가격이 아니라는 점이다.

관세와 증치세의 기준은 CIF(제품의 수출가격에 해상운임 및 보험료가 포함된 가격) 가격이고 관세가 추가된 후에 증치세율을 곱한다는 점을 염두에 둬야 한다. 예를 들면 음료수 통관 시 관세율 35%에 증치세 17%를 더해야 한다.

이때 실질적인 세금부담률 계산식은

$1×35\%+⟨1+(1×35\%)⟩×17\%=57.95\%$이기 때문에 60%에 육박한다.

만약 100위안짜리 제품이라면 통관할 때 원가는 160위안에 달하게 된다.

> ※ 수입 시 납부할 세금 = 관세 + 증치세
> = (CIF가격×관세율) + 〈CIF가격+(CIF가격×관세율)〉 × 증치세율

우유 성분 따라 관세율 큰 차이

그리고 재미있는 것은 비슷한 제품이라도 관세율이 크게 차이 난다는 점이다. 중국에서 우유에 대한 관세는 15%인데 제품명이 우유라 하더라도 우유성분이 80%에 미달하면 음료수로 분류되어 35%의 관세가 부과된다. 20%포인트나 높아지는 셈이다. A사는 딸기 맛 우유를 중국으로 수출하는데 우유성분이 40%에 불과하여 15%가 아닌 35%의 관세를 납부하고 있다.

중국으로 수출 통관 시 조제유로 인정받을 수 있도록 우유성분을 80% 이상으로 조정하는 방안을 검토하거나 양국 정부 간 통상협상을 통해 음료수에 대한 세분화한 분류 기준을 마련하는 것이 대책이다. 한류로 우리나라 먹거리 제품에 대한 인기가 높아지고 있지만, 세금부담이 만만치 않기 때문에 FTA(자유무역협정)를 통해 관세를 낮추어 중국 내수시장 진출을 확대한 측면도 있다.

7

골프장용 비료의 수출절차

⠿ 등록이나 인증 여부 사전 점검

중국과의 거래 초기에 에이전트를 통해 소량으로 거래하다가 물량이 늘어나 대량으로 수출하게 되는 경우가 적지 않다. 중국에 골프장이 늘면서 화학비료를 한국에서 수입하는 거래도 빈번해지고 있다. 이처럼 갑자기 대행업체를 통해 부담 없이 수출하다가 직접 수출할 때 유의해야 할 점은 무엇일까?

사전에 인증이나 등록이 필요한지 살펴봐야 한다. 중국으로 비료 수출 시 우선, 중국 농업부에 수출업체 등록(登记)을 해야 한다. 즉, 규정된 서류를 농업부에 제출한 후에 심사 및 허가를 받아야 수출이 가능하다.

이때 필요한 서류는 비료의 임시(정식) 등록신청서, 사업자등록증 사본, 생산·판매 허가증, 품질보증서 및 상표등록 증명서, 생산기업 기본정보, 생산공정 설명서, 지적재산권 무분쟁 설명서, 라벨 및 사용설명서 양식, 독성(毒性)보고서, 비료효과 실험보고(肥效小区试验报告) 및 샘플 등이 필요하다. 다양한 서류를 요구하지만, 별도로 화장품처럼 인증을 받지 않는 것만도 다행이다.

⚏ 함량별 관세율 확인과 서류 준비

또 주의할 점은 HS코드에 근거하여 실무적인 수출입 절차상 직접적인 관세율과 절차를 확인하는 것이다. 일부 비료는 '중화인민공화국 자동수입 허가증(中华人民共和国自动进口许可证)'과 '화학비료 수입관세 쿼터증명(化肥进口关税配额证明)'을 받아야 한다.

매년 중국 정부가 확정한 쿼터 이내면 4% 정도로 관세율이 낮지만, 그 물량을 벗어나면 50%까지 관세율이 뛰어오른다. 앞의 2개 서류는 대행할 수 있는데 상당한 시간(10일 정도)과 비용(톤당으로 계산)을 요구한다. 중국에서 유기비료 수입 관련 검사가 엄격하므로, 성분 함유량에 따라 수입이 금지될 가능성이 있다는 점도 미리 알아야 한다.

실무적으로는 수입쿼터 확보와 기업 등기를 대행해줄 수입업체를 찾는 것이 최선이고, 여의치 않으면 해당 분야 전문 물류업체를 찾는 것도 현명한 대안이다. 그리고 미리 계약물량과 선적일자를 정해 놓고 사후적으로 절차와 서류를 준비하는 것은 매우 위험한 거래로 전락할 가능성이 높다. 원하는 기한 내에 절차가 마무리되지 않으면 손해배상 위험에 노출되기 때문이다.

8

애니메이션의 수출절차

❖ 한류효과로 콘텐츠 수출 호기

한류의 영향을 많이 받고 있는 곳 중의 하나가 만화와 영화 등 콘텐츠 산업이다. 그중에 국내 중소기업들이 주로 제작하는 애니메이션도 높은 관심의 대상이 되고 있다. 대형업체들이 많지 않아 우리 기업들의 중국진출이 활발한 것은 아니지만, 창작력은 그 누구에도 뒤지지 않기 때문이다. 특히 한·중 FTA로 새로운 돌파구가 열렸다는 지적도 있다. 한국기업의 지분이 49%까지 확대되었기 때문이다.

양국 기업 간에 협력의 틀이 더욱 다원화되었지만, 수출에 모든 장애가 없어진 것은 아니다. 외국산 애니메이션 등 콘텐츠 제품은 대부분 내용심사를 반드시 받아야 하기 때문이다. 특히 아동용이면 더욱 까다로운 심사를 통과해야 한다. 이 과정에서 절대적으로 중요한 것은 중국 측 파트너 역량이다. 중국이 수요자 시장으로 변하면서 배급권을 가진 회사들의 콧대가 하루가 다르게 크게 높아져 직접적인 접촉조차 쉽지 않은 상황이다.

애니메이션이라면 크게 TV용인지, 아니면 영화용인지 먼저 결정해야 한다. 방송용이면 직접 방송국과 협상하여 판매하는 계약을 체결할 수 있지만, 일부(10~20%)를 제외하고는 방송국과 협력관계인 외부 제

작사를 통하는 것이 일반적이다. 우선, 수출계약이 체결되면 중국 측
회사 명의로 심의를 신청해야 한다. 중국 정부가 그 신청에 대해 심의
를 완료하여 허가 도장을 찍어주면 수출의 길이 열리는 것이다.

🟥 중국산 인정이 마케팅에 도움

물론 가격과 수익구조에 대한 당사자 간 합의가 선행되어야 한다는
전제조건이 붙은 것이지만. 통상 중국의 수입상은 위험을 떠안지 않기
위해 계약금은 최소로 하고 사후 수익을 나눠 갖는 구조를 선호한다.

영화용 애니메이션이면 중국 내 배급권을 가진 국유기업을 접촉해야
한다. 이 기업을 통해 내용심사가 진행되고, 이후에 계약조건 등을 협
의하게 된다. 한국 측이 이익을 얻게 되면 중국 측에 관련 세금(종류
별로 다르지만 약 25% 정도)을 납부하고 그 후에 송금할 수 있다.

통상 중국에서 내용심사를 쉽게 통과하기 위해 중국에서 공동으로
작업하는 것도 생각해 볼 수 있다. 외국산과 중국산에 대한 검증통과
잣대가 다르다는 것이 일반적인 시각이기 때문이다. 따라서 중국에서
수입상을 찾아 수출계약을 체결할 경우 신용도 못지않게 중요한 것이
중국 내 심사 획득 능력이다.

중국 내 심사는 광전총국(国家新闻出版广电总局编辑)에서 담당하는
데 그 주요 내용은 계약서 사항, 콘텐츠 내용, 마케팅 계획, 수입상 재
무상태 등이다. 또한, 방송용 및 영화라면 수입상이 쿼터를 갖고 있거
나, 획득해야 한다는 점에도 유의해야 한다.

9

먹거리 수출장벽은 인증(CFDA)

✿ 특수식품은 수출 시 인증 필수

중국으로 수입할 때 비슷한 품목인데 오랜 시간이 소요되고 비용이 많이 들어가는 인증을 받아야 할 경우가 있고, 그러하지 않는 사례가 있다. 5년 이상의 인삼제품, 인삼 잎으로 만든 제품, 홍삼(6년근 수삼이 원료)이 들어간 제품 등은 모두 보건 식품으로 분류되어 사전에 CFDA(국가식품약품관리감독총국) 인증을 취득해야 한다.

홍삼의 대중국 수출은 중국의 '수입약재관리법'에 근거하여 '수입약재허가증'을 취득한 업체를 통해야 한다는 것을 간과해서는 안 된다. 그러나 5년 미만 인삼은 2012년에 중국의 국가위생계획생육위원회가 수입 시 인증이 필요 없는 식품 원료로 비준하여 인증장벽을 피해 갈 수 있다는 점이 다르다.

또한, 제품의 라벨 및 포장에 보건기능을 명시하거나 비타민 등 영양제 등 중국 위생행정부서에서 발표한 '보건식품에 사용 가능한 리스트'에 속한 성분을 포함하는 제품은 모두 CFDA 인증을 피해 갈 수 없다는 점에 유의해야 한다.

❖ 성분 및 포장 따라 인증 요구

예를 들어 인삼, 인삼 잎, 백술, 삼칠, 엉경퀴, 홍경천, 서양삼, 천우슬, 단삼, 오가피, 오미자, 현삼, 생지황, 당귀, 알로에, 강황, 당삼, 야국화, 황기, 숙지황 등을 사용하거나, 제품 설명 문구에 면역력 강화, 다이어트, 피로회복, 기억력 개선 등과 같은 특정 효능을 표기한 제품은 인증장벽을 넘어야 한다.

특별히 발효 홍삼제품의 중국 내 인증 취득은 거의 불가능하다는 것이 전문가의 평가다. 발효된 홍삼제품은 중국으로부터 인증을 받아야 중국에 대한 수출이 가능한 제품이지만, 발효 홍삼제품에 대해 요구하는 서류조건 등이 매우 어려워 실제 인증 취득 성공사례가 없기 때문이다.

특수제형식품(캡슐, 정제, 드링크제, 환제 등 제품형태 및 식용 방법이 일반식품과 확연하게 구별되는 제품)은 보건식품으로 분류될 수 있기에 사전에 인증 여부를 확인해야 한다. CFDA 인증을 통과하기 위해서는 중국어로 된 많은 서류를 준비해야 하고 2년 정도의 기간과 수십만 위안의 비용이 소요되어 관련 기업들의 수출에 애로로 작용하고 있다.

철강류의 수출 우대책

철강 공급과잉으로 수출 밀어내기

중국은 철강 대국이다. 연간 조강생산량이 12억 톤에 달해 경쟁자가 없을 정도다. 그런데 문제는 중국이 쓰고 수출로 소화하기에는 너무 많은 양이라는 점이다. 지방정부가 정책적으로 철강산업을 육성하고 신중국 설립 이후 철강산업을 강조해온 중국의 산업정책의 연장선상이라고 이해된다. 그런데 2015년 들어 철강류 수출정책에 중요한 변화가 있었다. 중국은 일부 합금강에 대해 증치세(부가가치세) 환급이라는 세제혜택을 부여하고 있다.

수출우대책으로 일부 강재에 대해 증치세를 9~13%(17% 징수)씩 환급해 주고 있는 것이다. 이에 따라 중국 철강업계는 일반강재를 합금강으로 둔갑시켜 증치세를 환급받아 저가수출에 따른 손실을 보전받고 있다는 지적이 나돈다. 보론강에 첨가하는 붕소는 양이 미량이기 때문에 물성에는 거의 변화가 없는 강재임에도 고부가 합금강으로 분류 받아 증치세 환급이 가능하기 때문이다. 그런데 붕소첨가 강재에 대한 증치세 환급은 2015년 1월 1일 자로 폐지됨에 따라 대폭의 수출 감소가 예상된다.

그러나 붕소 대신 크롬을 첨가한 강재의 증치세 환급은 그대로 유지하고 있어 2015년에는 크롬강 수출이 급증할 전망이다. 크롬을 미량 첨가할 경우 역시 물성에는 거의 변화가 없지만 9% 환급을 받을 수 있기 때문이다. 고급강재에 대한 환급정책이 크롬강에 계속 부여될 경우 2014년 6.4억 달러에 달했던 대 한국 수출액이 급증하여 한국시장이 공급과잉과 가격하락을 일으킬 가능성이 있다. 이 제품에 대한 2014년도 중국의 대세계 수출액은 20.0억 달러로 전년대비 4.8% 증가하였다.

물성의 변화가 없으면서 미량 첨가한 물질을 이유로 일부 강재에 대해 고부가 제품으로 분류하여 증치세를 환급해 주는 것은 자원낭비를 줄이고 철강분야의 구조조정을 촉진하고자 하는 중국 정책에 맞지 않는다는 지적이 있다. 철강류에 대한 증치세 환급은 중국의 철강류 수출가격의 하락을 일으키는 부정적인 측면도 있다. 그동안 중국의 철강분야 수출가격이 전반적으로 톤당 20~40달러 정도 저렴한데 이는 톤당 300위안에 달하는 증치세 환급액으로 보충한 것으로 알려졌다.

종자의 수입업자 기준

:: 급팽창하는 중국의 종자시장

흔히 종자는 골드 씨드라고 한다. 산업에서 그 중요성이 금에 못지 않게 높아지고 있으며, 더불어 가격도 치솟고 있다. 이런 상황에서 중국에서 종자에 대한 수요가 늘고 있으나 중국진출 외자기업에 대한 규제로 외국기업들은 실질적으로 수입 업무를 못하고 있다. 종자경영에 대해 허가제를 시행하고 있는 것이다.

현재 중국의 종자에 대한 관세율은 0%이지만 종자 수입에 뛰어들기 위해서는 농산물종자생산경영관리방법 제14~15조에 따라 3천만 위안 (약 54억 원)의 자본금과 1천만 위안 이상의 고정자산을 요구하고 있다. 기존에 식용작물(벼, 옥수수 등)에 부과하던 기준을 채소 등 비식용 일반작물 종자에도 그대로 적용하고 있는 것이다. 합자하는 경우 중국 측 비율이 51%를 넘어야만 가능하다는 등 다양한 조건을 구비토록 요구하고 있다.

:: 높은 시설 및 자본금 기준

중극에서 농작물 종자 경영허가증을 받기 위해서는 다음 사항을 충족해야 한다.

첫째, 주요 농작물 종자 경영 허가증 신청 시 자본금 500만 위안 이상, 고정 자산이 250만 위안 이상이어야 하며, 주요 농작물 종자 경영 허가증이 아닌 경우 자본금 200만 위안 이상, 고정자산이 100만 위안 이상이어야 한다.

둘째, 경도분석기, 전자저울, 치상설비, 샘플 분쇄기, 건조박스, 생물현미경, 냉장고 각각 1대(세트) 이상, 전자저울 1세트 이상, 샘플채취기, 샘플분리기, 발아상자 각각 2대(세트) 이상, 검사실 100㎡ 이상을 확보해야 한다.

셋째, 종자 창고, 건설장, 혹은 상응한 건조시설 설비, 영업장소 등이 200㎡ 이상 있어야 하며 비(非) 주요 농작물 종자 경영 시 창고 300㎡ 이상, 건조장소 500㎡ 이상, 혹은 상응한 건조시설 설비가 있어야 하며 영업장소가 200㎡ 이상이어야 한다.

이런 까다로운 규제와 허가제 운용으로 한국 등 외자기업은 종자수입을 통한 영업을 못하고 있어 종자수입권을 가진 업체(20여 업체)는 모두 중국기업이다. 따라서 실험용 종자도 중국 기업을 통해 수입하고 있는 실정으로 이에 대한 규제 완화도 필요한 실정이다.

희토류 수출기업의 구조조정

희토류 수출기업 통폐합

중국은 IT기기 등 첨단제품에 주로 사용되는 희토류에 대한 주요 공급국이라는 이점을 이용하여 수출을 제한(수출세와 수출쿼터 부과)했으나 2015년에 이를 모두 해제한 데 이어 수출가격 하락을 막기 위해 90여 개에 달하는 업체를 6개로 통폐합하는 작업을 진행하고 있다.

2014년 중국의 공업신식화부는 '대형 희토류기업 조직개편사업지도(大型稀土企业集团组建工作指引)'라는 정책을 통해 2015년 말까지 전국의 모든 희토류 관련 광산 및 제련 업체를 6개로 통폐합하겠다고 선언한 바 있다. 2015년 5월에 중국 국토자원부도 희토기업 통폐합 방안을 허락한 것으로 알려졌다.

희토기업 6개 업체는 중뤼그룹(中铝集团), 우쾅그룹(五矿集团), 파오터우강철그룹(包头钢铁(集团)有限责任公司), 샤먼텅스텐그룹(厦门钨业股份有限公司), 간저우희토그룹(赣州稀土集团有限公司), 광둥성희토산업그룹(广东省稀土产业集团有限公司) 등이다.

간저우희토그룹은 시동그룹(江西铜业集团) 및 장시희유금속텅스텐그룹유한회사(江西稀有金属钨业控股集团有限公司) 등과 공동으로 출자하여 2015년 3월에 중국남방희토그룹(中国南方稀土集团)으로 다시 태어

났다. 간저우희토그룹유한회사는 2010년에 설립되어 현재 총자산이 23억 위안(순자산은 12억 위안)인 거대 회사로 희토류의 채굴, 가공, 무역, 연구개발 등의 업무에 종사하는 중국 희토분야 선두기업이다.

:: 통폐합은 가격유지가 목적

파오터우철강희토(包钢稀土)는 바오터우시의 5개 희토기업을 흡수한 후 중국북방희토(그룹)첨단기술주식유한회사(2014년 12월)로 개명하였다. 광둥성희토산업그룹유한회사(广东省稀土产业集团有限公司)는 광성자산경영유한회사(广晟资产经营有限公司)이 10억 위안을 출자하면서 2014년 5월에 설립되었다. 이 회사는 희토류 응용과 희토 관련 환경보호 처리업 등에 종사하고 있다.

샤먼텅스텐희토그룹은 푸젠성정부의 비준(2014년 7월)을 받아 푸젠지역의 희토자원 배치와 희토산업의 발전을 견인하며 희토공업단지를 건설하는 프로젝트를 담당하고 있다. 원래 이 회사는 1958년에 설립되어 1982년부터 텅스텐 제품을 취급했으며 1997년에 상장되었다. 2006년부터는 희토산업에 종사하고 있다.

《 중국의 희토류 수출단가 추이 》

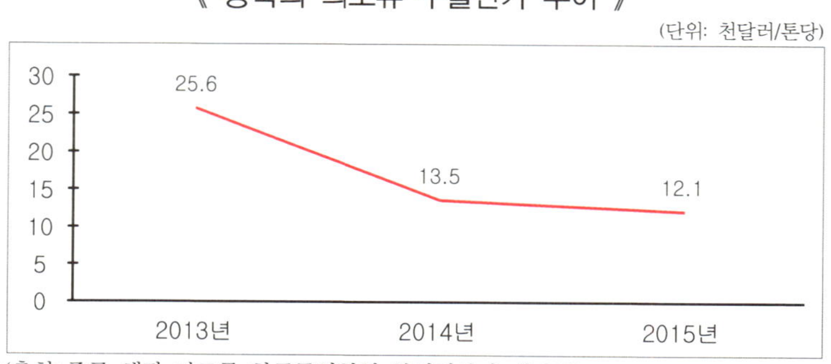

(출처: 중국 해관 자료를 한국무역협회 북경지부가 재가공)

무역클레임 사고처리의 책임

:: 위험 및 비용 분기점 숙지를

중국 내 한 업체에 30대 컨테이너 분량을 CIF(운임 및 보험료 포함 가격) 조건으로 수출하였으나 도착지 항구에서 컨테이너를 배에서 하역하던 중에 강한 바람에 의해 컨테이너가 크레인에서 추락하여 5대가 파손을 입게 되었다.

수입상인 제품의 수령인은 제품이 파손되었다는 이유로 정상적인 컨테이너만 통관하여 가져갔고, 파손된 일부에 대해서 보상은 수출상이 받고 한국으로 다시 가려가라고 버티고 있다. 다행히 해상보험에 가입한 상태여서 손상된 물건에 대해 한국으로 다시 반송하기 위해 논의 중이다. 그런데 보험회사와 선사는 통관이 진행되지 않아 손상된 물건을 직접 조사할 수 없고 컨테이너는 파손 상태가 너무 심각하여 그대로 반송도 곤란한데다 세관의 허락이 없어 재작업도 힘든 상황이다.

현재로선 다른 방법이 없으니 수입상이 통관만 해주면 우리가 나머지는 알아서 처리하겠다고 하여도, 수입상은 가공무역 업체로 재수출에 관여할 수 없다고 한다. 이런 상황에서 중국에서 가공업체로 신고된 수입상은 이번 건과 같이 사고가 발생하여 사용할 수 없는 원료에 대해 수입통관이 불가능한지 아니면 여러 가지로 수입상에게 불리하여서 하지 않는 것인지 알고 싶다.

⠿ 국제규칙인 인코텀스 숙지를

일반적으로 무역거래에서 가장 중요한 것 중의 하나가 거래 과정에서 발생하는 위험과 비용은 누가 담당하느냐다. 무역은 원격지 간 거래이기 때문에 갖가지 위험에 노출되게 된다. 그래서 책임과 비용을 누가 질 것인가를 사전에 명확하게 규정하지 않으면 언제든지 분쟁에 휩싸이게 된다. 위험과 분쟁에 대한 수출상과 수입상간 분기점은 인코텀스(INCOTERS)라는 국제상업거래 규칙에 따르게 된다.

앞의 사례처럼 CIF로 한국 업체가 중국으로 수출했다면 수출상은 목적항(중국)까지의 비용을 부담한다. 해상운임과 해상보험료까지 수출상의 몫이다. 물론 배를 예약하는 것도 수출상이 담당해야 한다. 수입상은 목적항 도착부터 발생하는 모든 비용을 책임진다.

위험(책임) 부담은 비용기점과 일반적으로 일치하지만, CIF에서는 다르다. 즉 수출상은 본선 적재까지만 책임지고 그 이후의 위험은 부담하지 않는다. 따라서 위의 경우에서 사고에 관한 책임은 수입상이 담당한다. 물론 보험회사를 통해 보상을 받는 주체도 수입상이다. 하역과정에서 사고가 발생했고 CIF 조건으로 계약했다면 수입상 명의로 통관하고 보험사의 조사를 통해 그 결과를 갖고 처리 논의를 하는 것이 원칙이다.

소액 무역거래 결제위험

✱✱ 소액이라도 철저하게 결제조건 체크

중국에서 소규모 거래라고 쉽게 접근했다가 낭패를 당하는 경우가 적지 않다. 전체 거래규모가 수만 달러에 불과하다는 이유로 위험관리를 하지 않아 돈을 떼이거나 물건을 못 받는 사례가 발생하고 있는 것이다.

공통적인 특징은 중국기업이 먼저 인터넷을 통해 거래를 요청하고 저렴한 가격을 내세워 한국 수입상을 유혹한다는 점이다. 심하다고 생각할 정도로 가격 인하에 OK 사인을 계속 보내온다. 그다음에는 선금을 요구한다. 통상 전체 거래규모의 30% 정도를 물건을 선적하기 전에 달라고 말한다. 경계심을 낮추기 위해 선금도 20%로, 조금 후에 10%까지 낮춘다. 또한, 부대비용이 많이 들어간다는 이유로 수출상이 선호하는 신용장 방식이나 추심방식을 거부한다. 송금방식을 통해 자기 예금계좌로 직접 입금해 달라고 말하기도 한다.

이때 가장 먼저 취해야 할 조치는 그 기업이 실제로 존재하는지 아닌지를 알아보는 것이다. 성급 공상행정관리국을 통한 인터넷 검색이나 전화로 문의하면 실제 회사의 존재 여부(영업허가증)를 실시간으로 알 수 있다.

정식등기가 되어 있는지 확인하는 절차로 등기번호와 대표자, 그리고 자본금을 확인할 수 있다. 그러나 이런 조치만으로도 안심하기 힘들다. 다른 회사의 영업 허가증을 자기 것처럼 쉽게 활용할 수 있기 때문이다. 그래서 그 회사의 홈페이지를 통해 존재 여부를 다시 확인하고, 회사의 대표전화를 이용하여 접촉했던 당사자가 실제로 근무하는지와 해당 업무가 맡는지 확인해야 한다.

반드시 회사 계좌로 입금을

또한, 입금하라는 계좌가 회사 것이야 한다는 점도 잊어서는 안 된다. 갖가지 이유를 들어 개인계좌로 입금을 유도하더라도 응하지 않는 것이 원칙이다. 거래 상대방을 방문하는 것도 좋은 대안이다. 진성 무역상이라면 방문을 거절할 이유가 없다. 사무실과 공장을 모두 보고 거래 여부를 판단해도 늦지 않다.

다른 대안은 신용조사를 해보는 것이다. 한국무역보험공사 등 신용조사기관을 통하면 거래 상대방에 대한 조회가 가능하고 신용도를 확인할 수 있다. 설립 일자가 얼마 되지 않아 신용도를 알 수 없다면 은행이 대금지급을 확약하는 신용장을 활용하거나 수출보험에 보험에 가입한 후에, 아니면 사후(상대방의 물건 선적 후) 대금을 송금하는 방식으로 거래를 진행해야 한다. 무역에서 위험관리는 이익의 문제가 아니라 생존의 문제이기 때문이다.

15

무역사기 사례와 대응방안

❖❖ 마켓클레임 빌미로 미결제

실물경기 둔화로 중국경제에 노란불이 들어오면서 수입수요가 줄고 일부 무역업체들은 기존 거래에 대해 대금지급을 회피하거나 소액거래에 대해 선지급을 요구하고 물건을 보내지 않는 사례가 발생하고 있다. 전기용품을 생산하는 A사는 30만 달러어치를 중국에 수출하고, 그 대금은 제품 선적 후 60일 후에 송금방식(T/T)으로 받기로 했으나 품질결함을 이유로 대금지급이나 결제를 위한 협상에 전혀 응하지 않고 있다.

매출감소에 따른 고의적 클레임으로 의심되고 있다. B사는 중국에 플라스틱제품 8만 달러어치를 선적 후에 45일 만에 송금받는 조건으로 수출했으나 판매가 부진하다는 이유로 중국 측 수입상이 대금지급을 거절하고 있지만, 대응책 마련이 쉽지 않다.

송금방식은 수입상이 대금을 지급하지 않으면 이를 강제할 방법이 없기 때문이다. 또한, 대중국 소액거래 무역대금 분쟁사례도 적지 않다. 한국의 C사가 외국으로 송금하는 수입결제 금액에 대해 수출상인 것처럼 위장하여 입금계좌를 변경해 달라고 요청한 다음 입금되자 다른 계좌로 이체한 후에 종적을 감춘 것이다.

중소기업인 D사는 광둥 지역에 소재한 기업으로부터 기계(1만 달러)를 수입하기로 하고 1차 선수금을 요구하여, 이를 보냈으며, 이후에 잔금을 보낼 때에는 수신처를 여러 번 변경하여 우여곡절 끝에 송금을 완료했으나 중국 내 수출상은 대금을 받지 못했다는 이유로 선적을 거절하면서 재송금을 요청하고 있다.

▪▪ 수입 시 선지급 자제를

F사는 화학제품을 수입하기로 하고 중국 업체에 선수금 수만 달러를 송금했으나 제품을 선적하지도 않으면서 한국 바이어의 공장방문을 거절하였다. 다른 회사의 영업집조(사업자등록증)를 활용하여 한국의 수입상을 속인 것으로 추정된다.

중국에서 무역금융 여건이 악화하였지만 되도록 신용장 방식 등 유리한 대금결제 조건을 고수할 필요가 있고 수출대금이 수십만 달러를 상회하는 경우 신용장 방식과 무역보험을 통해 안전장치를 마련할 필요가 있다.

16

신종 무역사기, 메일해킹 대비법

:: 계좌변경 시 반드시 서면확인

중국에서 원자재를 수입하여 제품(식품류)을 만든 후에 한국 내수시장에 판매하는 중소업체는 황당한 일을 당하였다. 샘플 오더를 거쳐 중국 회사에 대한 믿음이 어느 정도 생기자 메인 오더를 진행하였다.

우선, 중국에서 선수금 35%를 보내달라고 해서 송금하였다. 세금 등의 문제가 있다면서 은행명을 자주 변경하더니 잔금을 보낼 때에는 동남아지역에 있는 은행으로 해달라고 요청하여 관련 절차를 진행하는데 적지 않는 시간을 소비하였다.

문제는 그다음에 발생하였다. 메일에 기록된 대로 대금을 모두 송금했는데 미입금을 이유로 물건을 선적할 수 없다는 통보를 받은 것이다. 통보해준 은행으로 정확하게 기일 안에 송금했다고 하니 그런 은행을 안내해준 적이 없다는 황당한 대답이 돌아왔다. 선수금 해당분에 대한 선적이행을 요청했으나 이마저도 여의치 않았다.

왜 이런 일이 생긴 것일까? 이 경우 가장 일반적인 가능성은 메일해킹이다. 수출상과 수입상 간에 주고받은 메일을 해킹하여 입금계좌를 변경하는 것이다. 실제로 수출상이 보낸 것처럼 메일을 위조하여 수입상과 전혀 관계없는 계좌로 대금이 입금되도록 유도하는 사기 방법이 이제 흔한 시대가 되었다. 해킹 전문가라면 그 정도는 '누워 떡 먹기'라고 말한다. 또한, 퇴직한 수출업체 직원이나 회사 직원과 내통한 외부인이 수출상과 관계없이 별도의 계좌로 대금을 보내도록 교묘하게 유도하는 예도 발견된다. 비즈니스에서 메일은 중요한 커뮤니케이션 수단이다. 그래서 발신인에 대한 확인절차는 그 무엇보다 중요하다.

⠿ 전화로도 다시 한번 체크

계좌번호 변경과 같은 중요한 의사결정 사항이 있으면 회사 대표와 전화통화를 통해 발신인의 사실 여부를 검증해야 한다. 또한, 담당자가 변경되었거나 갑자기 다른 이메일을 쓸 때에도 신중하게 접근해야 한다.

계좌변경에 의심이 가는 경우 회사 명판과 사장의 서명이 있는 변경 관련 서류를 팩스나 메일로 받아 안전도를 높이는 조치가 필요하다. 사이버 사기는 상대방을 바로 확인할 수 없다는 이유로 갈수록 지능화되고 있다. 예방책을 아무리 강조해도 지나치지 않는 이유다.

4장

중국의
수출입 통관과 결제 노하우

1

통관신고 업체의 설립기준

❖❖ 통관 경쟁력은 기업 경쟁력

한·중간에 경제가 긴밀해지고 인적 및 물적 교류가 늘면서 물류에 관한 관심이 높아지고 있다. 상품의 경쟁력이 아무리 높다고 하더라도 물류가 뒷받침되지 못하면 그 경쟁력은 사상누각이 될 수 있기 때문이다. 이런 과정에서 한국 물류업체의 중국진출이 더욱 긴요해지고 있다. 기본적으로 높은 서비스 질을 요구받는데다 다국간 네트워크가 필요한 물류의 기본 성질을 고려할 때 한국 기업의 입지가 적지 않기 때문이다.

또한, 한·중 FTA 이후에 가장 유망한 직종으로 물류 부분이 부상하고 있다. 인적인 왕래규모가 1천만 명을 넘어서고 신규 상품의 중국 상륙이 예상되기 때문이다. 물류분야 중 인허가가 어려우면서 유망한 분야는 통관대행업체 설립이다. 중국에서는 기업 대부분이 물류를 위탁하여 모든 과정을 외주업체에 맡기고 있기 때문이다.

중국에서 통관신고 업체 설립에 대한 구체적인 조건은 2014년 3월 13일부터 시행하기 시작한 '중화인민공화국 세관통관 신고업체 등록등기 관리규정(中华人民共和国海关报关单位注册登记管理规定)'의 제8조에 명시되어 있다. 우선적으로 중국 내 기업법인이라는 자격조건을 갖

취야 한다. 그 조건의 핵심은 자본금 규모다.

:: 최저 자본금은 100만 달러

중국 정부가 정한 「외상투자 국제화물운송대리기업 관리방법(2005년 수정)」에 따르면 등록자본금 최저 금액은 100만 달러로 이를 충족해야 할 것으로 보인다. 등록자본금은 회사 설립 시 정관에 따라 전체 주주 및 발기자가 납부할 출자액, 또는 인수할 주식 총액을 의미하는데 회사 등록기관인 공상행정관리부서에 등록해야 한다.

통관신고기업은 반드시 중국 경내에 주소지를 확보해야 한다. 더불어 법정 대표자의 밀수기록이 없어야 한다(밀수 위법행위 때문에 세관으로부터 등록등기허가를 취소당한 기록이 없어야 함을 의미). 영업을 위해 고정적인 영업장과 창고도 반드시 갖춰야 한다.

관련 규정에 통관 신고 서비스를 제공하는 데 필요한 고정적인 경영장소 및 시설을 보유하도록 요구하고 있기 때문이다. 이밖에 통관 대행기업은 1차적으로 중국 관련 공상행정관리부서에서 설립등기 절차를 처리하여, 영업허가증을 취득한 이후 세관에 다시 등록 절차를 처리해야 하니 주의해야 한다.

2015년에 중국 정부가 산업지도 목록(외국인 투자 가능 분야를 명시한 문건)을 수정하고 미국과 투자보장협정 논의를 활발히 진행하는 등 대외개방을 확대하고 있기 때문에 통관법인과 같은 특수한 영업범위에 종사할 경우 사전에 철저한 체크가 필요하다.

비1회1증(非一批一证)제도 관리품목

수출허가증 관리

중국은 다양한 방식으로 무역을 관리하는데 수출도 예외가 아니다. 수출허가증을 관리하는 방식은 매번 인증을 받느냐, 아니면 한 번에 여러 차례 수출 건을 모두 인증받느냐로 구분한다.

수출입허가증에 매번 관리(인증)를 받도록 요구하는 품목은 '1회1증(一批一证)'이라고 표시되어 있다. 오존층 파괴물질이 대표적이다. 그러나 거래할 때마다 허가를 받을 필요가 없는 품목은 허가증의 비고란에 '비1회1증(非一批一证)'이라고 명시되어 있다. 비1회1증(非一批一证) 수출허가증은 동일한 해관에서 한번 허가를 받은 후에 최대 12차례 사용이 가능하다. 다만, 12차례의 통관을 거친 후에는 허가증에 잔량이 남아 있어도 해관은 신고를 거부한다는 점에 유의해야 한다.

비1회1증(非一批一证)제도를 통해 관리되는 품목은 외상투자 기업의 수출품목, 가공무역 방식의 수출품목, 구상무역 관련 수출품목 등과 함께 밀, 쌀, 옥수수, 밀가루, 옥수수가루, 쌀가루, 살아 있는 동물(소, 돼지, 닭), 쇠고기, 돈육, 닭고기, 원유, 정제유, 석탄, 자동차(완성차 부품) 및 섀시, 오토바이와 엔진·프레임 등이다.

:: 증서발급기관과 지정 해관

지방 증서발급기관은 상무부에서 발급하지 않는 20개 품목의 수출허가증을 발급한다.

베이징에 소재한 중앙기업의 수출허가증은 상무부의 쿼터허가증 사무국에서 발급한다. 특별히 일부 수출품목에 대해서는 증서발급기관 및 수출통관 해관을 지정하는 경우도 있다.

안티몬·안티몬제품의 지정 통관 해관은 광저우 황푸(黃埔)해관, 광시 베이하이(北海)해관, 톈진해관 등이다.

희토류의 지정 통관 해관은 톈진해관, 상하이해관, 칭다오해관, 황푸해관, 후허하오터해관, 난창해관, 닝보해관, 난징해관, 샤먼해관 등이다.

수출허가증이 필요한 품목

수출허가증 대상품목 48개

모든 나라가 수출은 장려하는 분위기다. 하나라도 더 팔아 외화를 획득하는 것이 일자리도 늘리고 경제를 활성화하는 첩경이기 때문이다. 그런데 중국은 환경보호를 이유로 매년 초에 당해 연도의 수출허가증 리스트를 발표한다. 자원의 외국유출을 꺼리는 분위기도 느껴진다. 외국기업 입장에서 이들 품목에 대한 수출이 쉽지 않다는 점을 미리 염두에 둬야 한다.

2015년에 중국에서 수출허가증으로 관리하는 품목은 총 48개인데 이는 수출쿼터허가증, 수출쿼터입찰, 수출허가증관리 등 제도를 통해 시행한다. 수출관세를 통해 간접적으로 관리하는 방식은 별개이니 유의해야 한다.

수출쿼터허가증 관리대상 품목

우선 수출쿼터허가증 관리대상 품목은 자원이 주종을 이룬다.

① 밀, 옥수수, 쌀, 밀가루, 옥수수가루, 쌀가루, 목화, 용재(鋸材)

② 살아있는 소·돼지·닭(홍콩·마카오 시장 대상)

③ 석탄, 원유, 정제유, 안티몬·안티몬제품, 주석(錫)·주석제품, 은,

인듐·인듐제품, 인광석

⏻ 수출쿼터입찰 관리대상 품목

수출쿼터입찰 관리대상 품목은 활석괴(분말), 산화마그네슘, 감초·감초제품 등이다.

⏻ 수출허가증 관리대상 품목

수출허가증 관리대상 품목은 다음과 같다.

① 살아있는 소·돼지·닭(홍콩·마카오 이외의 시장 대상)

② 신선 쇠고기·돈육·닭고기, 냉동 쇠고기·돈육·닭고기

③ 산화알루미늄, 희토류, 코크스, 파라핀, 텅스텐·텅스텐제품, 탄화규소, 오존층 파괴물질, 백금(가공무역 방식으로 수출), 일부 금속·금속제품, 몰리브덴·몰리브덴제품

④ 천연사(표준사 포함), 시트르산, 페니실린 공업염, 비타민C, 황산나트륨(硫酸二钠), 형석

⑤ 엔진·프레임, 자동차(완성차 부품) 및 섀시

⏻ 국영무역관리 품목

더불어 「옥수수, 쌀, 석탄, 원유, 정제유, 목화, 안티몬·안티몬제품, 텅스텐·텅스텐제품, 은」 등에 대해서는 국영무역관리를 시행하고 있어 일반기업이 뛰어들 여지가 거의 없다.

백금 제조에 사용하는 원료를 수입하여 가공 후 재수출하는 백금에 대해 증서발급기관은 회사등록지의 상무주관부서가 되며 가공무역업무 허가증, 해관 가공무역 수입신고서, 수출계약서(사본)에 근거하여 수출허가증이 발급된다.

④

수출세가 있는 자원류

:: 자원류에 고율 수출관세

대부분 관세는 수입제품에 부과하는 것으로 알고 있다. 자국 산업보호를 위해 수입가격을 높이는 조치이다. 소비자(수요자) 입장에선 더 높은 금액으로 물건을 사야 하므로 산업보호를 위해 소비자가 희생하는 조치라고 할 수 있다. 그런데 다른 나라에서는 찾기 힘든 수출관세가 중국에 있다. 하나둘이 아니라 300여 개 품목에 대해 우리에게는 다소 생소한 수출세를 부과하고 있다.

특히 수출세, 또는 잠정 수출세율이라는 제목으로 최고 40%에 달하는 고율의 장벽을 세우고 있어 국제적인 이슈로 부상하고 있다. 대표적인 사례가 철강 관련 제품이다. 수출을 더욱 많이 하기 위해 지원을 늘리는 것이 각국 정부들의 역할인데 정반대의 결과를 일으키는 조치를 하는 이유는 무엇일까?

중국은 대외적으로는 환경 및 자원보호라는 명분을 내세우고 있지만, 자국의 수요업체를 우선으로 고려한 것으로 국수주의적 색채가 강하다는 평가에 전문가들의 의견이 쏠린다. 수출세 부과는 국제시세를 인상하고 교역질서를 교란시키는 요인으로도 작용하여 중국 내 수요업체에 유리한 것이 현실이다.

자국 내 가격안정 도모

중국이 수출세를 부과하고 있는 품목은 대부분 자원인데 중국에서 유출이 안 되면서 중국 내 가격은 안정되는 반면 외국시장에서는 공급 부족으로 국제시세가 고공 행진을 하는 경우가 많기 때문이다. 중국의 원자재 생산업체나 공급업체의 불만도 적지 않은 것으로 알려졌다.

수출세가 폐지되면 더 좋은 가격으로 수출할 수 있는 길이 열리는데 수출세율이 20~40%에 달해 세금을 포함한 원가가 국제시세를 크게 웃돌게 되어 보다 유리한 외국시장으로 수출하는 길이 봉쇄되기 때문이다. 이에 대해 국가 간에 분쟁이 생길 정도로 논란이 많고 WTO(세계무역기구)가 조정 역할을 하고 있지만, 기업입장에서는 관세 납부 이외에 다른 대안이 없는 실정이다.

이어 따라 중국에서 특정 품목을 수입할 때 수출세가 부과되는지 반드시 확인해야 한다. 수입제품이 자원이면 더욱 철저한 확인이 필요하다. 또한, 매년 수출세율이 변할 수 있기 때문에 수시로 확인하는 꼼꼼함이 필요하다.

수출세 부과는 국제규정 위반

:: WTO 희토류 수출세 제동

중국의 수출세는 종종 국제분쟁을 일으키는 불쏘시개가 된다. 미국과 EU 등의 문제 제기로 수면으로 부상했던 희토류 분쟁이 대표적인 사례이다. 중국은 2006년부터 자원보호와 환경문제를 이유로 희토류에 대해 수출세를 부과하고 쿼터라는 빗장도 채웠지만, WTO(세계무역기구)의 판단은 중국의 의견과 달랐다. 2014년 3월 말에 WTO 분쟁해결위원회는 보고서를 통해 '중국의 희토류 수출 제한은 국내 산업 우대정책에 해당한다'면서 불공정 무역조치라고 판결하였다. WTO는 중국이 환경을 보호하고 자원을 지키고자 하려는 의도가 있었다면 국내 생산을 대체할 수 있는 다른 방안을 찾았어야 했다면서 수출세부과가 환경보호 조치의 일환이라는 중국의 주장을 반박했다.

한국이 수요량의 절반 이상을 수입에 의존하는 스크랩의 경우도 중국이 고율의 수출세를 부과하고 있어 중국 내 가격이 국제시세보다 낮음에도 전혀 수입할 수 없는 상황이 발생하고 있다. 중국 정부는 스크랩 등 철강 관련 7개 품목(HS 8단위 기준)에 대해 40%라는 고율의 수출관세를 부과하여 원천적으로 수출을 차단하고 있다. 한국의 스크랩 수입량은 연간 900만 톤으로 이는 전체 국내 수요량의 55% 정도이다. 이중 중국으로부터의 수입량은 1만 톤 정도로 사실상 중단된 상태이다.

수출세 부과가 국제 교역질서에 대한 부정적인 영향은 물론 우리나라 이익에도 반하고 있어 통상차원에서 적극적인 대응이 요구된다고 하겠다. 중국이 수출세 취소 시 우리나라는 자원 확보는 물론 관련 기업들이 원가를 낮출 수 있어 대외경쟁력 제고에 도움이 되기 때문이다.

《 수출관세를 부과 중인 금속류 》

중국 HS코드	세율(%)	비고
25309020	15(잠정)	희토금속광
26110000	20	텅스텐
72041000	40	주철의 스크랩
72042100	40	스테인리스 강
72042900	40	기타
72043000	40	주석을 도금한 스크랩
72044100	40	기계가공 중 발생한 스크랩
72044900	40	기타 주철의 스크랩
72045000	40	스크랩 잉곳

중고 기계의 수출 절차

중고제품 수출 시 사전 검사

중국에 투자할 때 필요하거나 한국에서 사용할 필요가 없어진 중고 기계를 중국으로 내보내는 일이 종종 발생한다. 상품이라는 측면에서 일반무역으로 분류되지만, 수입절차는 일반적인 상품에 비해 상당히 까다로워 세심한 사전 체크가 필요하다. 우선, 국가품질감독검사검역국에서 발표한 '중고 기계제품 수입금지 품목(旧机电产品禁止进口目录)'에서 제외한 장비만이 수입이 가능하다는 점에 유의해야 한다.

또한, 중고설비를 본격적으로 수입절차를 진행하기 전에 품질감독검사검역국에 '중고설비제품수입명세서'를 제출해서 점검을 받아야 한다. 현재 중고장비를 한국에서 중국으로 운송 시 사전에 검사검역 절차를 진행해야 하기 때문이다. 이에 대한 원활한 진행을 위해 중국은 14개 국가에 중국검역검사총국의 허가를 받고 설립한 중고기계의 검수 회사를 운영하고 있다. 다행히 한국에도 있는데 그 명칭은 중국검험인증그룹코리아컴퍼니(中国检验认证集团韩国有限公司, 전화 02-6393-5800)로 이 회사를 통해 최종 수입 가능 여부의 판정에 대한 답을 들을 수 있다.

이 과정을 통해 중고기계 수입에 대한 허가증을 획득한 후에 한국에서 선적하고 수입항구에서 통관을 진행하면 된다. 통관 시 유의점은 신고가격의 적정성이다. 이를 확인하기 위해 해관에서는 중고장비에 대해 가격심사를 진행하는데 주로 최근 3개월 내 중고장비 수입상이 신고한 동일제품의 금액이나 국제 및 중국 내 장비가격이 참고된다.

중고장비는 신고한 금액이 해관의 가격심사 통과 여부에 중요한 사항이 될 수도 있다. 다만, 중고기계 수입에 대한 사항은 지역에 따라 다를 수 있으니, 관할 해관 및 검사검역국에 세밀하게 확인해야 한다. 경험이 없다면 전문중고기계수출입대행업체를 통해 진행하는 것도 좋은 대안이다.

참고로 국가품질감독검사검역총국(http://www.aqsiq.gov.cn)이 2014년 12월 31일에 발표한 '수출입 중고장비제품에 대한 검사와 감독에 대한 공고(수입 가능 품목 표시, 2014년 제145호 법령)'에 대한 사전 스크린을 권한다.

물티슈에 대한 수출절차

위생용품 까다로운 검사절차

한국에서 물티슈를 생산하여 중국에 수출하려는 업체의 상담내용으로, 한국은 물티슈를 생산하거나 판매하는 경우 관련 법에서 화장품에 준하여 취급하도록 하고 있는데, 중국은 어떤가? 한국에서 중국에 물티슈를 수출할 때 중국 위생국 등의 인허가를 받아야 한다는데 사실인지? 사실이라면 중국에 물티슈 수출에 필요한 인허가 종류, 인허가 기관, 방법에 대해서 알고 싶다!

2016년 들어 중국 내 위생 관련 시장이 급팽창하면서 이런 질문이 적지 않다. 물티슈는 식당은 물론 유아용 등으로 수요처가 팽창하면서 중국 내 소비가 크게 늘고 있다. 앞으로도 그 시장이 많이 늘어날 것으로 보이는데 까다로운 규제가 있으니 주의해야 한다.

'중국수출입검사검역업종기준: 수출입 일회성 종이위생용품 검역준칙(2009)'이라는 규정에 따르면, 수출입용 일회성 위생용품(물티슈 포함)은 최소 포장단위 검사방식에 따라 제품의 포장, 위생 등에 대해 통관 시 검역을 진행해야 한다. 또한 '진일보 일회성 위생용품의 검역감독관리 업무를 강화하는데 관한 통지(2009)'는 아래와 같은 사항을 규정하고 있다.

　해당 제품이 독성검측항목과 연관이 있는 경우 제품의 수화인 및 그 대리인이 검역신고를 진행할 때 현지 검역기관에 독성검측보고서와 수입제품의 안전적합성 보증서를 제출해야 하며, 그 중 독성보고서는 반드시 관련 인증을 거친 검측실험실에서 작성해야 한다고 못 박고 있다. 일회성 위생용품이 규정에 따라 독성검측에서 통과하지 못하면 제품을 판매 및 사용할 수 없다.

　이와 함께 일회성 위생용품에 반드시 중문마크를 부착해야 한다. 다만, 물티슈도 여러 종류가 있기 때문에 정확한 인허가 및 세부 절차는 따라서 다를 수 있다는 점도 고려해야 한다. 중국은 일반적으로 유럽의 기준을 참고하여 위생 관련 기준을 정하는 경우가 적지 않다.

　화학 및 환경 관련 기준도 같은 흐름을 보이고 있어 기준이 의외로 까다롭고 높은 수준을 요구한다는 점을 고려하여 대중국 수출을 준비할 때 시간을 갖고 사전 조치를 철저하게 이행할 필요가 있다. 한국 업체가 직접 진행하는 것이 여의치 않으면 수입상을 먼저 찾은 후에 그 업체에 일임하는 것도 유용한 방안이다.

8

이사화물에도 세금이 존재

주재원 이사화물도 과세

중국에 입국할 때 이삿짐에 대해 세금을 냈다는 이야기가 많다. 수천 위안에서 수만 위안에 이르기도 한다. 잠깐 왔다가 가는 것도 아닌데 설마 이사화물에 세금을 물리는 것이 맞느냐고 고개를 갸우뚱하지만, 결론부터 먼저 말하면 중국은 이사화물에 대해 광범위하게 과세를 하고 있다.

중국 세관은 '장기 거주 외국인의 개인 물품 수출입에 관한 감독 관리조항(2010년 개정)' 3조에 따라 차량 및 국가에서 정한 필수 과세품목(20개)을 확실하게 표시하고 있다. 전자제품은 물론 사용하던 이불 등에 대해서도 세금을 부과하고 있어 지나치게 징세 편의적이라는 지적이 일고 있다. 이사화물에 대해 대부분 10~20%의 세금을 부과하고 있고 과표에 대한 객관적인 근거도 미약하여 논란이 일고 있다.

된장과 고추장 등 식재료를 잔뜩 갖고 오는 경우가 많은데 십중팔구 세금을 내야 한다. 세관에 따라 목록에 없는 품목에 대해 세금을 물기도 한다. 대표적인 경우가 개당 가격이 2천 위안을 초과할 경우 모든 물품으로 과세범위가 확대된다는데 유의해야 한다. 중국 내국인 이사화물 면세기준은 품목당 5천 위안이지만 외국인 이사화물 면세기준은

2천 위안으로 낮게 책정하여 과세위험에 더 쉽게 노출되고 있다.

이사화물을 취급하면서 한 가지 더 주의해야 할 점은 장기체류 허가를 취득하기 전에는 자기 명의로 통관할 수 없다는 점이다. 중국에서 장기 체류 비자를 받는데 2개월 정도가 소요되어 제때에 이사 물품을 찾지 못하면서 보관료도 적지 않게 발생할 수 있다.

《 이사화물 과세품목 세율 》

품목	세율	품목	세율
TV	20%	전화교환기	20%
비디오카메라	10%	PC	10%
VTR	20%	전화기	10%
비디오 플레이어	20%	무선통신기	10%
오디오	20%	팩스기	10%
에어컨	20%	전자계산기	10%
냉장고	20%	프린터	10%
세탁기	20%	가구	10%
카메라	10%	램프	20%
복사기	20%	식재료	10%

9

대중국 무역 결제와 안전도

:: 불경기에는 유리한 결제조건을

중국경제가 하강국면에서 진입하면서 무역금융 여건이 악화하고 있다. 그렇다고 바이어 신용이 좋지 않다는 이유로 무조건 거래제의를 거절할 수도 없다. 이런 때 현실적인 대안으로 무엇이 있을까?

우선, 신용장 방식 등 수출자에게 유리한 대금결제 조건을 고수할 필요가 있다. 만약 수입상이 대금을 지급하지 않더라도 신용장 방식은 개설은행이 대금지급을 확약하고 있기 때문에 보다 안전하다. 다만, 수수료가 더 들어가고 개설은행의 선택에 신중해야 한다는 전제 조건도 고려해야 한다.

2016년에 시황이 좋지 않은 화학제품을 취급하는 대부분의 상사는 매출감소를 감수하고서라도 대금 회수위험을 낮추기 위해 신용장 결제만을 고집하고 있음을 참고해야 한다. 특히 수출대금이 수십만 달러를 상회하는 경우 신용장 방식과 무역보험을 통해 안전장치를 마련할 필요가 있다. 사전에 수입상에 대한 신용조회를 고집하는 것도 유용하다. 상대가 사후송금을 양보하지 않는다면 일부(원자재 구매자금)라도 먼저 받는 절충안이 필요하다. 특별히 사후송금과 D/A(추심 중 인수도 방식)는 피해야 한다.

또한, 수입 시에도 조심해야 한다. 선수금만 받고 연락이 끊기는 경우가 적지 않기 때문이다. 중국에서 인터넷을 통해 접촉해 오는 경우 서류로만 확인하지 말고 수입상의 공장방문 등을 통해 생산설비를 확인해야 한다. 중국 내 경기가 하강국면에 들어서면서 한국기업에 인터넷(메일)으로 접근하여 턱없이 낮은 가격을 제시할 수가 있는데 이런 경우 기업 관련 서류도 위조되거나 다른 회사 것을 빌리는 경우가 많아 직접 확인이 필수적이다.

중국에서 다른 회사의 증빙서류를 온라인에서 확보하는 것은 어렵지 않다. 특히 실제로 특정인의 존재 여부를 알기 위해 개인 휴대전화와 메일이 아닌 회사 대표전화로 담당자를 확인하는 것도 필요하다.

《 대중국 수출의 결제방식별 추이 》

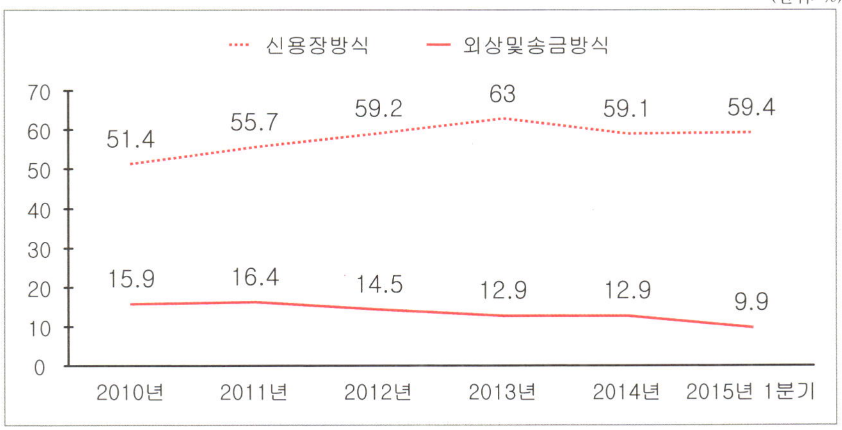

(출처: 한국무역협회 북경지부)

10

위안화 무역결제 방안

❖ 중국 관련 규정 참조

한·중간에 교역량이 늘어나고 중국 정부가 자국 통화 사용을 적극 독려하는 정책을 펼치면서 위안화로 결제를 원하는 경우가 크게 늘고 있다. 중국에서 사업하는 입장에선 다양한 이점이 있어 이미 실행에 옮긴 업체들도 적지 않은 실정이다. 우리가 궁금해하는 것은 달러로 진행하던 무역방식을 어떻게 변경해야 하는가이다.

우선, 무역계약서 작성 시 위안화로 변경하는 것이 첫 번째 진행해야 할 절차다. 이것을 근거로 위안화를 취급하는 외국환은행(한국 내)을 찾아가 송금이나 신용장 거래를 요청하면 된다. 거래하는 은행이 위안화 거래를 취급하지 않으면 한국에 진출한 중국계 은행을 이용하는 것도 대안이 될 수 있다.

중국 정부는 위안화의 국제화를 주요한 정책으로 내걸고 무역 시 위안화 사용을 중국업체에 독려하고 있다. 지금까지 위안화 결제는 사실상 중국 업체의 요구로 진행된 것도 그런 이유 때문이다. 중국에 있는 자회사가 위안화를 사용하려면 일단 다음 사항을 점검해야 한다.

우선, '국제무역 인민폐결산 시범관리방법(跨境貿易人民币结算试点管理办法)'에 따라 기업이 소재한 지역이 위안화 결제가 가능한지 확인해야 한다. 2016년 현재는 거의 모든 지역에서 외자기업에게 위안화 결제를 허용하고 있다.

❖ 은행과 협의서 체결

그 후에 위안화로 계약서를 작성하고 중국 내 외국환 은행에 가서 위안화 결제 관련 협의서 체결해야 하면 된다. 이때 제출해야 할 서류는 조직기구 코드, 세관 코드, 세무 등기증 번호, 기업 법정대표자와 책임자의 신분증, 수출입 세관 신고 정보 등이다.

중국기업(외자기업 포함)이 한국에 수출할 경우 앞에서 언급한 관리 방법에 따라 수출화물 세금환급 정책의 혜택을 받을 수 있다. 즉, 수출 증치세 환급이 가능하여 다른 외환으로 결제할 때와 차이가 없다.

증치세는 상품 생산 및 판매 과정, 용역제공 과정에서 발생한 상품의 가치 증가분에 대해 과세하는 세목으로 우리의 부가가치세에 해당하며 통상 17%이다. 수출 시 평균 13% 정도 환급이 이뤄진다. 이제는 중국 내에서의 외국기업 투자와 중국기업의 외국투자에서도 위안화 사용이 가능하다.

《 중국의 위안화 무역결제 및 투자 관련 규제 완화 일지 》

일자	조치 내용	발표기관
2009년 4월	상하이 등 5개 도시를 위안화 무역결제 가능 시범도시로 선정	중국 국무원
2010년 6월	위안화 무역결제 시범지역을 기존 5개 도시에서 20개 성시로 범위 확대	중국인민은행
2011년 1월	위안화로 외국직접투자가 가능하도록 '경외직접투자 위안화 정산 관리방법'을 발표	중국인민은행
2011년 7월	중국 전역에서 위안화 무역결제가 가능하도록 범위 확대	중국인민은행
2011년 10월	외국인직접투자에서 위안화를 사용할 수 있도록 정식 승인	상무부
2011년 10월	외국인직접투자에서 사용된 위안화에 대해 은행이 정산처리 할 수 있도록 법적 제도 마련	중국인민은행
2014년 6월	개인이 진행한 상품무역 혹은 서비스무역에서 발생한 안화 무역 결제 업무에 대해 은행이 정산처리 할 수 있도록 지침 하달	중국인민은행

(출처: 중국 상무부, 중국인민은행, 중국 언론 발표자료 정리)

11

위안화 무역결제의 이점

∷ 환전수수료 절감이 최우선

미국 달러로 한·중간 무역대금을 결제하면 통상 2번의 환전이 발생한다. 한국과 중국에서 모두 달러로 환전해야 하기 때문이다. 그러나 위안화로 결제하면 중국에서의 환전절차가 생략된다. 통상 100만 달러를 거래하는 경우 2천 달러 정도의 환전수수료가 절약된다. 이것이 중국기업의 이익이지만 중국 내 자회사와 거래하는 경우라면 이익이 한국 회사에 유보되는 효과를 거둘 수 있다. 또한, 마케팅에서 가장 큰 어려움 중 하나인 환리스크를 제거할 수 있다는 점도 위안화 거래로 거둘 수 있는 효과다.

환율 변동에 대한 우려 없이 안정적으로 중국 판매가격을 정할 수 있기 대문이다. 중국 내 법인이 외환을 사용하지 않고 위안화를 사용하기 때문에 중국에서의 은행절차가 간소화되는 효과도 기대된다. 까다로운 외환규제를 적용받지 않아 전담인력을 두는 수고를 하지 않아도 되고 제출해야 할 서류도 상대적으로 가벼워진다. 위안화가 절상될 가능성이 높다면 한국의 대중국 수출 시 위안화 결제 욕구가 높아질 것이다

한국에서 위안화 예금금리가 높다는 점을 무역에 이용할 경우 이익

의 폭이 더욱 확대될 수 있다. 중국과의 교역이 빈번하다면 중국에서 위안화를 받은 후에 환전하지 않고 외화예금(위안화)을 통해 높은 이자를 챙기고 중국에서 수입할 경우 이를 다시 사용하면 한 번도 환전이 발생하지 않을 수 있기 때문이다.

그러나 위안화 사용은 결제방식(신용장, 송금 등), 마케팅 이점, 환리스크 및 환전수수료 절감액, 자회사와의 거래 여부, 수출입 금액 등을 종합적으로 고려해서 결정되어야 한다. 예컨대 위안화의 금리가 높으면 신용장에 대한 수수료가 올라가기 때문에 되도록 회피하되 송금방식은 수수료 부담이 적음을 고려해 위안화를 적극 이용해야 한다.

중국 시장에 대한 마케팅 초기라면 위안화를 통해 내수 마케팅을 강화하고, 가공무역이라면 위안화를 이용할 필요가 없을 것이다. 수출과 수입금액이 엇비슷하다면 위안화 거래와 예금을 통해 환전수수료를 제거하는 것도 좋은 대안이며, 기업 내 거래라면 역시 같은 결론을 내릴 수 있다.

12

외자기업의 과실송금 문제

송금 시 기업 내 절차 우선

중국에서 가장 큰 경영리크스 중 하나가 과실송금 문제다. 중국의 엄격한 외환정책 때문에 과실송금에 브레이크가 걸리는 것은 아닐까 하는 의문 때문에 중국시장을 외면하는 경우가 적지 않다. 우선, 회사 내부의 절차에 문제가 없어야 한다. 즉 과실송금을 위해 이윤발생 후 기업 내부의 분배절차를 제대로 밟아야 한다.

'중국 회사법' 제167조 1항에 따라 회사는 당해 연도의 세후 이윤의 10%를 인출하여 회사의 법정 공적금에 산입하여야 한다. 또한, 제2항에 따라 회사의 법정 공적금이 전년도 결손을 보전하는데 부족할 때는 당해 연도의 이윤으로 결손을 보전하여야 한다. 그러므로 회사는 적어도 각종 세금을 납부하고, 회사손실을 메우며, 아울러 법정 공적금을 공제한 후에야 주주에게 이윤을 분배할 수 있다. 분배로 받은 과실은 바로 국외로 송금할 수 있지만 점검해야 할 것이 하나 더 있다. 주주는 분배받은 과실에 대하여 소득세를 납부하는 의무를 부담하여야 하기 때문이다.

주주가 기업이면 '기업소득세법 실시조례' 91조에 따라 10%의 소득세를, 개인이면 '개인소득세법' 3조 5항에 따라 20%의 소득세를 납부하여야 한다. 단, 한·중 양국 간에 관련 협정 10조에 따라 직접 25% 이상의 회사(합명기업 제외) 주식을 보유한 자인 경우 5%의 소득세만 납부한다는 혜택이 있다(단, 신청 필수). 동 세금은 원천징수의 원칙에 따라 이윤을 지급하는 회사에서 납부해야 한다.

그다음은 은행에서 절차를 밟아야 한다. 규제 완화로 은행마다 요구하는 서류 및 심사기간, 절차 등이 다를 수 있겠으나 그다지 차이가 크지 않다. 일반적으로 은행에서는 이윤 및 주식배당 분배에 관한 이사회 결의, 배당연도의 감사보고서, 험자보고서(자본감사보고서), 세무비안표 등을 요구하고 있다.

2014년에 회사법 개정으로 회사설립 시 더는 험자보고서를 요구하지 않게 되었지만, 외상투자기업의 외환결제에서 험자보고서가 여전히 필수적 서류이다. 1회에 5만 달러 이상의 외환을 송금하는 경우 세무국에 세무비안을 신청하여야 한다. 은행마다 다른 관행을 염두에 두고 있어 사전에 송금은행에 구체적으로 확인하는 절차도 필요하다.

13

물류원구 이용 후 대금수취 방안

물류원구는 수출구역

중국에서 소싱sourcing(대외구매)이 증가하면서 중국 내 기업 간 거래대금을 한국에서 수취할 수 있느냐고 궁금해하는 경우가 적지 않다. 원래는 중국 내 거래이기 때문에 당연히 외환거래(한국과 중국 간 결제)가 불가능하다. 예를 들어 기존에는 중국 내 회사에서 물건을 수입하여 한국에서도 판매하고 일부는 중국 내 다른 회사에도 수출하였다. 그런데 한국에서는 필요가 없어졌지만, 중국 내 거래처는 부품을 계속 필요로 한다. 기존처럼 물류비를 지출하면서 중국 생산 제품을 수입하여 다시 수출할 이유가 없어진 것이다. 어떻게 해야 할까?

중국 기업이 상품 대금을 외국에 송금하기 위해서는 수출입 거래로 간주하여야 하며, 이를 위해서 가장 간편한 방법은 보세물류원구를 이용하여 수출입거래로 인정받는 것이다. 즉 중국 내 화물을 보세구역으로 보낸 뒤 다시 수입통관 절차를 밟는 것이다. 기본적으로 물류원구를 경유하여 통관 신고할 때 필요한 서류와 일반 무역 시 통관 신고 서류는 똑같다. 다만, 보세구를 반입출하는 과정에서 운송비, 창고비 등이 발생하므로 비용도 잘 계산해야 한다.

보세물류원구를 좀 더 설명하면 중국 정부가 특별히 허가한 지역(총

8개)으로서, 이 지역은 중국의 관세 제도상 '국외'로 간주하며 중국의 일반지역에서 이 지역 내로 물품을 반입시키는 경우 수출로 인정되어 증치세의 환급이 가능하다. 한국의 보세구역과 유사한 개념이다.

상하이일 경우 푸둥 와이가오차오(外高桥) 보세원구가 이에 해당한다. 서류상 출발항과 도착항은 상하이로 표기하면 되고 선하증권은 대부분의 무역거래에서 필수 서류이지만 이 경우에는 해당하지 않는다. 일반적으로 인보이스(원본), 포장명세서 l(원본), 계약서(사본 가능), 수출화물세관신고서 등이 제출되어야 한다.

예전에는 1일 여행이라고 하여 한국의 부산이나 홍콩으로 물건을 보내 수출로 인정받은 후에 다시 들여오는 방법을 취했지만, 중국 정부가 물류원구를 만들면서 절차가 간단해지고 비용과 시간도 절감하게 되었다.

특히 가공무역과 일반무역을 섞어서 동시에 진행하는 경우 처음부터 관세와 증치세를 부담하여 자금압박을 받지 말고 모두 가공무역으로 처리한 후에 물류원구에 입고한 상태에서 필요에 따라 중국 내수에 판매하면 된다.

14

이전가격(移轉價格) 주의사항

❖❖ 수출입 가격조작은 소탐대실

외국인 투자를 적극 유치하려는 중국의 전략이 변한 것은 아니지만, 연간 1천억 달러 안팎의 투자자금이 들어오면서 외국기업에 대우(?)가 예전 같지 않다는 이야기를 많이 한다. 단순히 양적 성장에 만족 않고 외국인 투자의 내용을 따지기 시작했다. 보다 첨단이면서 대규모 투자라야 환영받는 분위기다.

또한, 외국인 투자기업에 특혜를 몰아주던 관행에서 벗어나 중국기업과의 평등을 강조하고 있다. 대표적인 예가 외국인 기업에 관한 이전가격 세무조사 강화조치다. 그동안 중국정부는 적극적인 외자 유치를 위해 외국기업에 관한 세무조사에 신중을 기해왔으나 이제는 달라지는 느낌이다.

무역 관련 세무문제가 이슈로 부상하면서 글로벌 기업들도 이 문제를 피해 가기 힘든 상황이다. 중국에 진출한 일부 외국기업들이 외형상 지속해서 적자를 보고 있음에도 사업을 확장하고 있어 이전가격을 통한 경상이익 조작과 세금 탈루 가능성이 높다는 게 중국당국의 생각인 것으로 알려졌다.

이런 중국의 변화를 제대로 읽고 세무조사에 능동적으로 대처하기 위해서 우리 기업이 신경 써야 할 내용은 한둘이 아니다. 먼저 해야 할 일은 조사내용에 대한 정확한 이해이다. 이전가격이란 기업 간 거래에서 독립적인 기업 간 가격에 근거하지 않고 가격을 더 높거나 낮게 책정하여 소득을 당해 관련 기업에 이전하는 경우로 정의된다.

관련 기업의 범위는 의외로 광범위하다. 자금, 경영, 매매 등에서 직접, 혹은 간접적인 소유 및 통제관계가 존재하는 기업은 물론 거래당사자 쌍방이 모두 제3자에게 소유되고 있거나, 혹은 제3자가 거래 당사자 쌍방의 의결권(주식 25% 이상을 소유)을 가진 경우에도 이전가격 조사 대상 거래에 포함하고 있다. 거래형태도 건물과 상품 등 유형자산은 물론 용역서비스와 같은 무형자산도 포괄하고 있다.

중국 당국은 외국의 본사에 의해 중국 내 투자법인이 통제받는 경우를 먼저 조사하는 것으로 알려졌다. 이 경우 중국법인의 자율성이 없어 이윤의 이전 등이 보다 쉽고 광범위할 것으로 보이기 때문이다. 관련 기업과 거래액이 비교적 큰 기업과 2년 이상 연속적으로 결손을 보고 있는 기업도 조사를 피하기 어려울 전망이다.

장기적으로 큰 이익을 보지 못하고 있음에도 경영규모를 확대하는 기업은 세무조사 가능성이 그 어느 사례보다 높다고 할 수 있다. 또한 △이익의 변화가 큰 기업 △조세피난처에 설립된 기업과 거래가 발생하는 기업 △이익수준이 동일 업종보다 낮은 기업 △그룹회사 내부와 비교하여 이윤율이 낮은 기업 △다양한 이유로 관련 기업에 불합리한 비용을 지급하는 기업 △법정감면 기간, 또는 감면세 기간 만료 시 이윤이 급격히 하락하여 조세를 피하는 기업 등도 중국 정부로부터 주목을 받고 있다.

⁑ 조사 시 외부 전무가 활용

중국진출 투자기업들은 조사개시 전은 물론 후에도 체계적이고 세무당국에 능동적으로 대응해야 한다. 회사 내 회계 및 세무전문가가 이전가격 규정을 숙지하고 대응책을 마련할 수 있는 상시체제를 구축하여야 한다. 이를 통해 회사가 조사대상에 포함될 가능성을 미리 분석하고 이에 대비하여야 한다. 동시에 이전가격 거래로 의심받을 수 있는 비즈니스에 대해 중국 내 정상가격을 파악하고 무형자산에 대한 가격평가 정당성(합리성)을 증빙하는 자료를 갖추어야 한다.

그러나 무엇보다 중요한 것은 미봉책이 아닌 정공법의 채택이다. 합리적인 관련 가격 및 이익(결손)에 근거한 연도보고서를 작성하는 것이다. 이전가격 거래에 대한 재무자료 등 증빙자료를 잘 보관하고 경영과정에서 세무 및 법률전문가를 초빙하여 합리적인 탈세가 아닌 절세전략을 모색해야 한다.

만약 이전가격 조사대상에 포함되면 예약정가(豫約定價) 협의를 통해 이전가격 조사가 실제로 진행되지 않도록 신속하게 대응하는 조치가 필요하다. 예약정가 협의란 세무기관과 매매 가격에 대해 사전에 협의를 진행하여 그 이후 약정한 가격 범위 내에서 거래를 진행하는 제도로 이전가격 조사를 회피할 수 있도록 국제적으로 용인된 수단이다. 만약, 이전가격 조사가 진행되면 대략 1년 정도가 소요되어 정상적인 회사경영에 많은 어려움이 발생한다고 전문가들은 지적한다.

이전가격조사가 실제로 진행될 때는 전문가를 동원하여 적극 대응할 필요가 있다. 적시에 세무전문가와 법률전문가를 선임하여 세무기관의 조사에 협조하는 동시에 조사과정(현장검증, 증거수집 등)에서 발생한 문제와 상황에 대해서 기록으로 남겨 놓아 나중에 있을 다툼의 소지를 최소화할 수 있다.

✿ 판결 후 행정재심 관심을

중국 내 이전가격 조사 시 가장 중요한 분야 중 하나는 판결을 받은 후의 법률적 대응이라고 할 수 있다. 다양한 구제방법이 있음을 숙지하고 상황에 따라 적절한 대응책을 모색해야 한다. 우선 행정재심에 관심을 기울여야 한다. 이전가격 조사에 이의가 있으면 반드시 세금 및 예치금을 납부한 후 세금납부 증명을 접수한 날로부터 60일 이내에 상급 세무기관에 재심을 요청하는 게 행정재심이다. 이 경우 상급기관은 60일 내 결정을 내리게 된다.

재심 내용에도 불복할 경우 그다음 대응단계는 법원소송이다. 재심이 결정된 후 15일 이내에 인민법원에 소송을 제기할 수 있다. 마지막으로 한·중 간에 소득세 협정이 체결되어 있음을 고려하여 정부 차원의 협상을 통해 구제를 시도해 볼 수 있다.

2015년부터는 쟁점이 되고 있는 사항을 살펴보면 관계회사를 좀 더 광범위하게 보는 예도 있다. 즉, 일방에서 다른 일방을 지배하거나 공동으로 다른 일방에게 중대한 영향을 가하는 경우, 또는 양자 혹은 양자 이상이 일방에게 지배당하거나 어떤 자에게 공동으로 지배 혹은 중대한 영향을 받을 때에는 서로 관계자로 간주한다. 따라서 모자회사는 물론 모회사가 같은 자회사들은 서로를 관계자로 볼 수 있음에 주의해야 한다.

더불어 기업소득세법 제41조에 따르면 기업과 그 관계자 간의 업무

왕래는 독립거래원칙에 맞지 않아 해당 기업, 혹은 그 관계자가 납부하여야 할 수입 혹은 소득금액이 감소하게 하면 세무기관에서 합리적인 방법을 통해 조정할 권리가 있다고 명시하고 있어 더 광범위한 기준이 적용될 수 있다.

중국에서 2차 외주를 받은 가공업체와 한국 모회사의 외주를 받은 업체는 모자회사, 혹은 같은 모회사의 자회사라는 관계면 거래 시 발생하는 가격에 대하여 세무기관에서 조정할 권리를 갖고 있어 이전가격 관련 규제가 적용된다.

또, 이전가격에 관한 규제는 관계자 간의 거래에만 적용되기 때문에 그렇지 아니하는 경우, 즉 2차 외주사와 한국 모회사 간에는 관계자 관계가 아닌 경우 이전가격 규제에 해당하지 않는다.

이전가격의 핵심이 가격책정인데 이는 상업판단에 해당하며 법적으로 관여하는 문제가 아닌 것으로 보인다. 다만, 책정된 가격이 현저히 불합리 적이고 조세를 우회하는 것으로 의심되는 경우 세무부서가 가격을 조정할 가능성이 있을 것이다.

5장

세계 최고 수준의
중국 인터넷 비즈니스

1

기업정보의 보고 B2B 사이트

기업 간 거래도 인터넷으로 진행

중국에서 B2C 사이트가 새로운 유통채널로 부상하면서 주목을 받고 있지만, B2B도 활발하게 움직이고 있다. 무역거래처 발굴과 투자협력 파트너에 관한 기초 조사를 위해서라도 B2B 사이트에 대한 지식은 아무리 강조해도 지나치지 않다.

우선, 가장 유명한 곳은 알리바바 사이트다. 1998년 12월에 설립되어 B2B 분야 선두주자로 회원 수가 1억 명을 초과했으며, 전세계 220여 개 나라의 기업들이 가입할 정도로 광범위하다. 원자재, 일반 산업, 의류 등 16대 산업별로 분류되어 있으며 원자재 구매, 생산가공, 도매 등에 대한 자세한 정보를 제공한다.
홈페이지는 http://www.1688.com이다.

Hc360(慧聪网) 사이트도 주목받고 있다. B2B 관련 2대 사이트로서 1992년에 설립되었다. 회원 수가 200만 명이고, 유료회원 수가 30만 명에 달한다. 2004년에 거래알선(买卖通)을 개통하여 매일 수십만 개 업체들이 공급, 구매, 거래대행 등과 관련된 정보를 공유하고 있다. 2014년 매출액은 9.66억 위안이다.
홈페이지는 http://www.hc360.com이다.

돈황망(敦煌网)은 2004년에 출범한 중소기업 위주의 거래 사이트로 무료로 회원 가입이 가능하지만, 거래액에 따라 비용을 내야 한다. DHL, Fedex 등 물류업체와 협력하여 중소기업의 물류원가를 낮추어 주며, 소규모 거래업체에 통관 수수료 절감 효과도 돌아간다. 중국전자 상거래연구원의 통계에 따르면 돈황망의 나라별 거래액 중 미국이 제일 커 그 비중이 36.42%에 달한다.
홈페이지는 http://www.dhgate.com이다.

중국식품거래망(中国食品交易网)은 2009년에 설립된 플랫폼으로 국내외 식품 관련 업체들에 원스톱 서비스를 제공한다.
홈페이지는 http://www.zgspjyw.roboo.com이다.

중국방직망(中国纺织网, http://www.texnet.com.cn)은 2003년에 설립된 섬유 전문 B2B 사이트로 하루 접속자가 135만 명에 달하며 동 업종에서 50%라는 시장점유율을 차지하고 있다.

중국철물망(中国五金网, http://www.hardware.com.cn)은 등록 회원 수가 78만 개 달하며 하루당 5천여 개에 달하는 업체들이 공급 및 수요 정보를 사이트에 게재하고 있다.

2

샤오미의 독특한 마케팅 비결

원하는 것보다 조금 덜 공급

메칼프의 법칙(Metcalfe's law)*이 있다. 일반 시장에서 10명의 소비자가 있다면 그 구매력이 10명의 그것을 합한 것이지만 온라인(네트워크)에서는 10^2으로 그 시장규모를 계산해야 한다는 이론이다. 온라인 마케팅은 전염성이 강하고 쉽게 접근할 수 있어 일정한 인원 이상의 사용자가 모이면 그 가치가 폭발적으로 증가한다는 의미다.

중국의 인터넷 인구가 6억 명이라면 그 시장규모는 36억 명이라는 괴물(?)이 탄생하는 것이다. 미국이라는 시장이 절대로 중국을 범접할 수 없는 이유이기도 하다. 이런 장점을 제대로 활용한 대표적인 사례가 휴대폰 기업인 샤오미다. 대당 2천 위안 이하의 저가 휴대폰을 주로 생산하는 샤오미는 생산량을 제한하여, 주문을 받은 후 당첨된 사람에게만 물건을 배송하는 방식으로 구매욕과 소유욕을 동시에 자극한다.

더불어 온라인으로만 마케팅을 진행하기 때문에 고가의 광고비와 오

---

*메칼프의 법칙(Metcalfe's law)은 통신망 사용자에 대한 효용성을 나타내는 망의 가치는 대체로 사용자 수의 제곱에 비례한다는 법칙이다

프라인 유통채널 구축비용을 투입하지 않아 판매비와 관리비를 절감할 수 있었다. 그야말로 '제품의 마케팅은 온라인에 있으며, 제품의 유통채널도 온라인에 있다'는 새로운 전략을 실행에 옮기고 있다.

샤오미의 CEO인 레이쥔은 앞으로도 온라인과 사전주문 후 추첨판매로 대표되는 헝그리 마케팅(원하는 사람이 모두 제품을 갖지 못하는 마케팅 전술)을 통해 중국 시장은 물론 외국시장을 파고들 것이라고 강조하고 있다. 이미 대만과 홍콩에 교두보를 확보하였다.

❖❖ 마케팅 관리비 제로화

2012년에 스마트 폰 시장에 성공적으로 진입한 샤오미는 같은 해에 719만 대를 팔아 126.5억 위안의 매출을 달성하였다.

샤오미는 2014년 1/4분기에만 1,100만대의 휴대폰을 팔아 주위를 깜짝 놀라게 했으며, 2015년에 기존 예측치인 4천만 대를 넘어 6천만 대에 달하고, 2016년에는 1억 대에 돌파할 것으로 전망되고 있다. 믿기 힘든 수치이지만, 그 배경에는 빠르고 저렴하며 한 번에 많은 사람에게 마케팅이 가능한 온라인 마케팅 비법이 녹아 있다.

3

B2C 춘추전국시대와 해외직구 시장

:: 해외직구 사이트 개설 붐

중국전자상거래연구센터가 발표한 2014년 중국 내 B2C 사이트 시장 점유율에 따르면, 알리바바그룹 산하의 톈마오가 59.3%로 1위를 차지했으며, 징둥이 20.2%로 2위, 중국 내 주요 전자제품 유통업체인 쑤닝그룹 산하의 쑤닝이거우가 3.1%로 3위를 차지하였다. 톈마오 및 징둥이 전체 B2C 시장의 79.5%를 점하는 과점체제인 것이다.

톈마오의 경우 동일 그룹(알리바바) 산하 C2C 사이트 타오바오의 기존 이용자가 톈마오로 넘어오는 경우가 많아 시장 선점에 유리하다는 평가다.

징둥은 정품 보증, 빠른 배송, 차별화된 서비스 등으로 소비자들의 신뢰도가 높은 편이다. 이들의 매출액을 보면 2014년 1위인 톈마오가 7,630억 위안, 2위인 징둥이 2,602억 위안에 달했으며, 3위와 4위인 쑤닝이거우와 웨이핀후이의 거래액은 각각 258억 위안, 236억 위안으로 1~2위 업체들과 비교적 큰 차이를 보였다.

이들 리더의 공통점은 모두 해외직구 매출에도 적극적이라는 점이다. 빅3는 한국관을 비롯하여 외국 직구관을 운용하고 있다. 그 이유는 외국시장 매출이 날로 커지고 있기 때문이다.

중국 인터넷시장 조사기관 BigData-Research(比达咨询)에 따르면, 2014년에 중국 소비자의 해외직구 금액은 1,500억 위안에 달하면서 전년 대비 95.6%나 증가했다. 2015년에는 그 규모가 전년 대비 60.0%가 늘어난 2,400억 위안에 이른 것으로 추정되고 있다. 2016년에는 중국 정부가 일반인 입국 시의 휴대품에 대한 단속을 강화하는 경향이 있어 온라인을 통한 해외직구가 더욱 활성화될 것으로 보인다.

◈◈ 4천만 명에 육박하는 해외직구족

중국에서 일명 하이타오족(海淘族)으로 불리는 해외직구족의 규모는 2014년에 2천만 명에 달했으며, 2015년 말까지 2천4백만 명에 달할 것으로 추정되고 있다. 미국의 온라인 결제업체 페이팔(PayPal)은 중국의 해외직구족 규모가 2018년에는 3천6백만 명 규모에 달할 것으로 예측하고 있다.

중국의 주요 B2C 사이트들은 해외직구제품을 취급하는 전문 채널을 별도로 운영하고 있으며, 대표적인 것으로 톈마오국제(天猫国际), 징둥 Worldwide(京东全球购), 쑤닝 글로벌구매관(苏宁海外购) 등이 있다. 특별히 한국관을 운용하고 있다면 중소기업들도 입점을 노크해 볼 필요가 있다. 더 없이 좋은 중국 내 유통채널이 생기는 셈이기 때문이다.

중국의 최대 B2C 사이트인 톈마오는 2015년 5월에 첫 국가관으로 한국관을 개설했다. 한국관에는 화장품, 의류, 식품, 가전제품, 영유아용품 등 다양한 제품들이 전시되어 있다. 현재 톈마오국제에는 한국관 외에도 총 16개의 국가(지역별) 외국상품전용 판매코너가 개설되어 있다.

B2C분야 2위 업체인 징둥은 2015년 3월에 한국관을 개설했으며, 판매제품 중에서 화장품이 제일 많고, 그다음은 식품, 의류, 가방, 영유아 용품 등의 순이다.

직구 사이트 연회비와 보증금 요구

그럼, 이들 한국관에 입주하는 요건은 무엇일까? 우선, 회비와 서류 자격을 갖추어야 한다. 텐마오에 입주하려면 ① 외국에 실매장 소유 ② 자사 브랜드(타사 브랜드일 경우 수권서 제출) ③ 기업 관련 영업 및 세무서류 등이 필요하고 120시간 이내에 상품을 발송해야 하며, 운송정보를 추적할 수 있는 시스템을 갖추어야 한다. 더불어 중국 내에 반품 장소를 마련해야 한다. 보증금으로 2만 5천 달러(15만 위안)가 필요하며 연회비(5천~1만 달러)도 받는다.

징둥은 서류는 텐마오와 비슷하지만, 자금부담은 조금 낮은 편이다. 역시 정품임을 보증해야 하며, 원산지가 외국이거나 외국에서 판매 중인 제품을 중국세관의 정식 통관을 거쳐 공급해야 한다. 주문 접수 후 72시간 이내에 상품을 발송해야 하며, 역시 운송정보를 추적할 수 있어야 한다. 보증금은 1만 달러(정장 등) 혹은 1만 5천 달러(아동복, 화장품 등)이며 연회비는 1천 달러다. 품목별로 매출액의 3.0~15.0%를 커미션으로 받고 있다.

쑤닝 글로벌구매(苏宁海外购)는 보증금 1만 달러에 연회비로 5천 달러(화장품, 식품 등)나 1만 달러(의류, 가방 등)를 받으며 품목별로 매출액의 0.5~5.0%를 커미션으로 요구한다.

《 중국 내 한국관 및 한국제품 전문 해외직구 사이트 》

NO.	사이트명	URL	비고
1	톈마오 한국관	http://korea.tmall.com	올해 5월 개설
2	징둥 한국관	http://sale.jd.hk/act/hJpztXGix0CduW.html	올해 3월 개설
3	쑤닝이거우 한국관	http://g.suning.com/korea.htm	올해 5월 개설
4	이하오디엔 한국관	http://cms.yhd.com/cmsPage/show.do?pageId=55871	올해 8월경 개설
5	미타오 (蜜淘)	http://www.metao.com	최근 한국제품 전문으로 변신
6	상한 (尚韩)	http://www.shoppinghan.com	한국제품 전문
7	한핀후이 (韩品惠)	http://www.hanpinhui.com	한국제품 전문
8	서우얼메이 (首尔美)	http://www.semcity.cn	한국제품 전문
9	한마오 (韩猫)	http://www.ihanmall.com	한국제품 전문
10	ERUJA	http://www.eruja.com	한국제품 전문

(출처: 해당 공식 사이트 및 인터넷 검색(2015.10.13. 기준)

인터넷몰 가짜상품 논란

✿ 유명사이트에도 가짜 존재

2015년 초에 인터넷 판매사이트의 짝퉁제품 논란이 중국시장을 강타하였다. 중국 정부기관인 공상총국과 소비자협회가 대형 인터넷몰에 대해 2차례의 품질검사를 수행한 결과 정품비율이 형편없는 것으로 밝혀져 입으로만 전해지던 짝퉁 논란이 현실화되고, 구체적인 수치로 증명된 것이다. 임의로 선정한 9개 대형 인터넷몰 중 7곳에서 비정품을 판매하는 것으로 나타났다.

이를 두고 중진국에서 일어날 수 있는 흔한 일로 오히려 중국 산업 발전에 약이 될 것이라는 전망부터 중국 산업의 경쟁력이 얼마나 허약한가를 드러낸 비극이라는 평가까지 다양하다. 특히 해외직구를 통해 중국제품을 구매하는 외국소비자에게 이번 파장이 어떤 영향을 미칠지 관심이 쏠리고 있다.

2016년에 중국인의 생활은 '인터넷 주문으로 시작하고 물건을 살펴보는 것으로 하루가 저문다.'라는 말이 있을 정도로 온라인 시장은 급속히 팽창하고 있다. 특히 2014년에 알리바바가 미국 증시에 상장되면서 그 열기에 기름을 붓는 형국이 되었다. 이런 상황에서 중국 공상총국은 온라인에서 92개 제품을 선별하여 검사한 결과 38개 제품이 비정품으로 밝혀졌다고 언론에 대대적으로 공개하였다. 중국인이라면 누구나 이용하는 대형 인터넷몰인 징둥과 톈마오, 그리고 수입식품 전문매장인 이하오뎬의 정품비율이 모두 80%를 넘겨 체면을 유지하였다.

그러나 알리바바의 옥동자 타오바오의 정품비율이 크게 낮아 완전히 체면을 구겼다. 제품별로는 휴대폰과 농자재는 정품비율이 20%에 머물러 충격을 주기에 충분하였다. 일부 사이트의 휴대폰은 정품비율이 제로어 달하는 것으로 나타났다. 타오바오는 조사대상 샘플선별에 문제가 긇다고 이의를 제기하고 반격에 나섰지만 이미 엎질러진 물이 되었다. 미국에서 주가가 하락하고 소비자의 이의제기가 잇달았다. 또한, 정품에 관한 기준이 흔히 말하는 짝퉁(모조품)은 물론 중고 수리제품, 성분함량이 제품정보와 불일치한 제품, 3C(중국강제인증)를 받지 않은 제품은 물론 정식 수권서(정식 판매계약)를 받지 못하고 비공식 유통 채널로 판매된 제품까지 포함하고 있어 지나치게 광범위하다는 지적도 나돌았다.

:: 온라인 제품 새로운 시험대

이번 조사결과를 두고 크게 두 가지 의견이 비등하였다. 중국의 현실을 그대로 보여준 것으로 올 것이 왔다는 주장이 가장 일반적이었다. 모방제품에 대한 죄의식 없이 쉽게 만들고 판매하는 상황에서 짝퉁의 출현은 이상할 것이 없다는 주장이다. 특히 도저히 이해할 수 없는 가격을 보면 소비자도 어느 정도 정품이 아님을 알고 구매했을 것이라고 말한다.

특히 독립된 업체가 입점하는 형태의 마케팅은 정품에 대한 관리가 되지 않는다고 전문가들은 말한다. 운영주체가 구입해 판매하는 것이 아니고 입점 업체가 자율적으로 판매하는 방식이기 때문에 소비자가 주의하여 구매할 수밖에 없다는 것이다.

또한, 중국을 잘 아는 전문가들은 이번 사건을 계기로 정품 생산과 유통에 큰 전기가 올 것으로 기대하는 분위기다. 지금으로부터 거의 10여 년 전에 사스(중증급성 호흡기증후군)가 나돌면서 중국에 충격을 주었고, 그 때문에 중국의 위생수준이 크게 드높아지는 계기가 되었다. 50년은 앞질러 중국인의 위생관리 기준이 높아졌다는 주장이 그것이다. 이번 사건도 모방에서 창조로 가는 과정에서 일어나는 불가피한 측면이 있으며, 앞으로 정품에 대한 인식이 높아져 중국 기업은 물론 소비자에게 새로운 소비패턴을 안겨주는 전화위복의 사건이라는 것이다.

외국에서는 중국제품에 대한 역구매가 줄어들 것으로 예상하고 있다. 중국의 온라인 리더들은 중국 시장은 물론 외국 화교와 외국인을 대상으로 중국제품을 저렴하고 빠르게 판매하는 전령을 담당하였다. 더구나 갈수록 중국제품의 품질이 높아지면서 중국 사이트들이 그 외연을 넓혀가고 있었는데 이번 사건은 부메랑이 될 수밖에 없기 때문이다. 그러나 중국 제품의 가격경쟁력이 타의 추종을 불허 하기에 잠시 주춤하던 매출 곡선은 다시 상승세를 탈 것으로 예측되고 있다.

《 중국의 전자상거래 시장 》

구분		규모	증가율
전자상거래 거래액 (2014년)	기업 대상 거래액	12.75조 위안	전년대비 59.4% 증가
	개인 대상 거래액	3.64조 위안	전년대비 48.6% 증가
온라인 쇼핑 이용자 (2014년)		3.61억 명	전년대비 19.7% 증가
휴대폰 온라인 쇼핑		2.36억 명	(휴대폰 인터넷 이용자: 5.57억 명)
택배 업무량(2014년)		140억 건	전년대비 51.9% 증가, 4년 연속 50% 이상 증가

5

게으름 경제 or 스마트 경제

❖ 인터넷은 게으름 야기

게으름 경제인가? 아니면 스마트 경제인가? 중국에서 새로운 창업트렌드를 두고 논란이 벌어지고 있다. 온라인에서 모바일 앱을 활용한 창업이 크게 늘고 있는데 대부분 고객이 움직이기 싫어하는 습관을 겨냥한 창업이라는 이유로 '게으름 경제(The Lazy Economic)'라는 별칭이 붙고 있다. 반면 애플리케이션을 통해 고객과 쉽게 소통할 뿐만 아니라 무점포 영업을 통해 마케팅 비용을 낮추고 모바일 결제를 통해 거래를 마무리하고 있어 스마트 경제를 대표한다는 정반대 해석도 가능하다.

중국에서 젊은이들 창업 아이템으로 애플리케이션을 활용한 온라인 서비스가 많이 증가하는 추세다. 특히 집안에서 밖으로 외출하지 않고 서비스받기를 원하는 고객이 급증한다는 점을 고려한 것이다. 대표적인 사례가 집 안 청소와 요리 등 가사 서비스, 그리고 매니큐어, 마사지, 세차 등에 대한 개인 이용자가 늘고 있다. 청소 등을 대행하는 가사서비스 앱인 윈쟈정(云家政)을 통하면 이용 가격은 시간당 30위안이고, 최소 이용 시간은 2시간이다.

매니큐어 서비스를 원할 때도 앱을 이용하는 사례가 증가하고 있다.

매니큐어 앱을 통해 마케팅하고 있는 허리쟈(河狸家)는 세트당 이용 가격이 68위안으로 결코 저렴한 편이 아니다. 세탁 서비스 e따이시(e袋洗) 앱의 이용 가격은 한번(세탁주머니 34cm×43cm)에 99위안으로 역시 만만치 않은 가격이다. 방문에 대한 비용이 일부 반영된 결과다.

⬛ 음식도 청소도 앱으로 처리

온라인 서비스 중 가장 인기 있는 앱은 '식의 나라, 중국'이라는 명성답게 요리서비스다. 요리 서비스를 대표하는 앱인 하오셰프(好厨师)의 이용 가격은 79위안인데 여기에는 요리 4가지에 국이 1가지 포함되어 근사한 식사가 가능한 수준이다.

이 온라인 서비스는 2013년 9월 출시된 이래 이용자가 벌써 2만 가정을 넘어섰다. 가격이 저렴한데다 대규모로 손님을 치러야 하는 모임에서 자주 이용하는 것으로 알려졌다. 마사지 서비스인 화퉈쟈따오(华佗驾到) 앱도 높은 인기를 구가하고 있는데 출시 이래 6,000건의 서비스를 제공한 바 있다.

모바일 앱을 통한 서비스의 가장 큰 장점은 운영비용이 저렴하다는 점이다. 우선, 가장 큰 비용인 고정사업장 임대료가 들어가지 않고 미리 예약한 만큼만 재료를 준비하기 때문에 제품에 대한 재고문제로 걱정할 필요가 없다. 온라인을 통한 홍보비용도 비교적 저렴하고 지역적인 여건과 관계없이 손님들이 신청하고 이용할 수 있어 고객 저변도 넓은 편이다.

이용하는 고객입장에서는 움직이지 않고 편리하게 서비스를 이용할 수 있고 이동 시간과 교통수단이 필요하지 않아 같은 서비스를 이용할 경우 감수해야 하는 비용과 시간 낭비를 막을 수 있다.

모바일 앱을 통한 창업은 대부분 젊은 층이 주도하고 있다. 화퉈쟈따오(华佗驾到) 앱의 창업자는 3명이며, 모두 80년대 이후에 출생한 사람들이다. 하오셰프(好厨师) 앱의 CEO는 90년대 이후에 출생하여 30세에도 미치지 못하고 있다. 이에 따라 온라인 앱을 통한 창업자의 평균 연령은 25세 미만이라는 자료도 있다.

중국에 '인터넷+(기존 사업에 인터넷을 결합하는 방식)' 경제가 급부상하면 스마트폰 쇼핑, 스마트폰 결제, 스마트폰 뱅킹도 덩달아 탄력을 받고 있다. 이제 중국시장에서 스마트폰 비즈니스 메커니즘을 모르면 생존하기 힘든 시대가 되고 있다. 스마트폰 사업의 핵심에 모바일 앱이 자리 잡고 있다.

6

사치품시장 구조와 특징

사치품은 외국에서 주로 구매

중국의 사치품 소비는 '외열내냉(外熱內冷, 외국에서의 명품구매 열기가 중국 내 구매보다 더 뜨거운 것을 의미)' 현상이 뚜렷하다. 미국 경제전문지 포춘지(Fortune Magazine) 중문판이 2014년에 중국의 고위 사무직을 대상으로 진행한 설문조사로는, 설문에 응답(사치품 구매경험이 있는 사람)한 2,550명 중 과거 1년간 주로 중국 본토 내에서 사치품을 구매했다고 응답한 사람은 전체의 36.2%에 불과하지만, 홍콩, 마카오, 타이완 등의 지역에서 주로 구매한 사람이 31.7%이고, 그 외에 다른 국가는 32.1%다.

중국인들의 사치품 소비가 외국에서 많이 이루어지는 것은 외국시장과 국내시장 간의 큰 가격 차이에 기인한다. 중국 상무부의 발표로는, 시계, 가방, 의류, 주류, 전자제품 중 일부 사치품들은 중국시장에서의 가격이 홍콩, 미국, 프랑스 등에 비해 각각 45%, 51%, 72%가 높다고 한다. 외국에서의 사치품 구매 이유를 품질에 대한 신뢰와 선택 가능한 범위가 더 넓다는 것으로 응답한 사람이 각각 83.5%와 60.4%에 달했다.

사치품 구매 시 외양은 물론 내부품질까지 고려하는 추세로 변하고 있다. 중국인들은 기존에 사치품을 외부 과시용으로 주로 구매했으나 최근에는 품질 및 자기만족 등을 동시에 고려하는 실속형 경향으로 변화하고 있으며, 그 중 대표적인 제품이 속옷이다. 이는 80후(後) 세대는 브랜드 충성도가 높지만 90(後) 세대는 브랜드와 품질·디자인을 동시에 고려하는 실용적인 소비문화를 보유하고 있기 때문이다. 이탈리아 명품 란제리 브랜드인 라펠라(La Perla)는 단가 2천 달러짜리 제품 판매량이 2014년에 중국 본토, 홍콩, 타이완 등지에서 42% 증가했다고 밝혔다.

또한, 사치품 소비자들의 연령층이 낮아지고 있다. 로이터사에 따르면, 중국에서 25~35세 연령층의 고객이 사치품 브랜드에 대한 관심도가 제일 높은 것으로 나타나 세계 시장과 다른 특징을 보이고 있다. 중국의 푸얼다이(富二代, 재벌 2세)와 관얼다이(官二代, 고관 2세)를 대표로 하는 부유층 신세대들은 새로운 생활방식을 추구하는 경향이 강하고, 기존 중국의 '한 자녀 정책'으로 가정에서 단독 자녀로 성장한 경우가 많아 비교적 높은 소비력을 갖추고 있다.

중국인 세계 사치품 절반 소비

중국인들의 사치품 소비액(고급 소비재)이 세계 시장에서 차지하는 비중이 거의 절반에 가까울 정도로 그 규모가 커져 전체적인 국민소득 수준과는 다른 양상을 보이고 있다. 중국의 사치품시장 전문연구기관인 차이푸품질연구원(財富品質研究院)에 따르면, 2014년 기준으로 중국인들의 사치품 소비액은 1,060억 달러에 달해 전년 대비 4% 증가했으며, 세계시장(2,320억 달러)에서 차지하는 비중이 46%로 거의 절반에 육박하였다. 중국인의 1인당 소득이 7천 달러 중반임을 고려하면 놀라운 수치다.

그러나 중국인들의 자국 내 시장에서의 사치품 소비액은 오히려 감소세를 보였다. 2014년에 중국 국내 시장에서의 사치품 소비액은 250억 달러로 전년 대비 11% 감소하여 8년 만에 처음으로 하락세를 보였다. 이 여파로 중국 내 사치품 소비액이 세계 시장에서 차지하는 비중도 2013년의 13%에서 2014년에는 11%로 하락했는데 이는 시진핑 정부의 반부패 정책에 영향을 받은 것으로 풀이된다. 유의할 점은 중국인의 외국에서의 사치품 소비액은 계속 증가 추세로 고급 소비재의 존재 여부가 중국 관광객의 행선지를 결정할 정도로 밀접하게 관련되어 있다는 점이다.

중국의 사치품 소비층은 특정 지역에 집중되는 경향이 있다. 보스턴컨설팅그룹(BCG)는 2015년을 기준으로 중국에서 여유자산을 가구당 600만 위안(약 10억 원) 이상 보유한 부유층의 절반 정도가 광둥성, 베이징, 장쑤성, 저장성, 산둥성, 상하이 등 6개 지역에 집중적으로 거주하고 있으며, 이들 해당 가구 수가 10만을 초과한다고 발표했다.

2015년 8월 아마존의 발표로는, 중국에서 아마존 해외직구를 제일 많이 이용하는 10대 지역은 베이징, 상하이, 광저우, 청두, 선전, 난징, 항저우, 톈진, 우한, 창사 등이다. 이는 대도시의 소득수준이 월등히 높기 때문이다. 2014년 기준으로 중국 본토 31개 성시 중에서 1인당 GDP가 1만 달러를 넘는 지역은 총 9개에 달하는데 그 중 톈진, 베이징, 상하이 등지는 이미 1만 5천 달러를 넘어선데다 계층별로 소득차가 커서 고급소비재 수요는 꾸준히 증가할 것으로 전망된다.

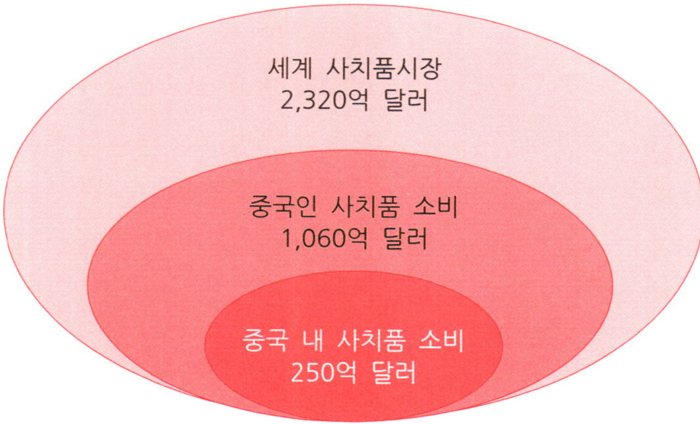

(출처: 차이푸품질연구원(財富品質硏究院))

인터넷 비즈니스의 진보: 의약품

◈◈ 인터넷 비즈니스 공간 무궁

국가의 영토가 넓을수록 인터넷 비즈니스 발전공간은 더 넓다고 할 수 있다. 시공을 초월한 마케팅을 구사할 수 있기 때문이다. 대표적인 나라가 중국이다. 2015년에 중국의 인터넷 사이트들은 진화에 진화를 거듭하면서 약품판매에 팔을 걷어붙이고 있다.

이를 반영하여 중국 내의 오프라인 약방은 매출 증가율이 둔화하고 있지만 의약품 전자상거래가 빠르게 발전하고 있다. 이런 추세에 발맞추어 일부 글로벌 제약회사도 온라인 판매를 강화하고 있다. 중국 정부도 '온라인 식품·약품 경영감독관리방법'을 통해 처방약의 온라인 판매도 모색할 것으로 알려졌다.

중국에 이미 개시한 의약품 판매사이트는 200여 개며, 1일 방문객은 6만 명 수준이다. 소비액은 1회당 150~280위안으로 적지 않아 사이트 당 연평균 매출액은 5천만 위안에 달하는 상황이다. 이런 흐름과 반대로 오프라인 약국은 매출증가 속도는 더디다. 중국에는 46만 개의 약국이 있는데 1일 방문객은 약국당 75명에 불과하다. 구매 금액도 1인당 60~80위안에 불과하여 온라인의 절반에도 미치지 못하는 상황이다.

약국의 연평균 매출액도 50만 위안 수준에 머물고 있다. 이런 상황에서

2014년 상반기의 오프라인 약국의 매출 증가율은 8%에 그쳐 2013년과 2012년의 증가율(각각 9.3%와 11%)에 비해 크게 둔화한 상황이다. 그러나 온라인 약국의 거래규모는 2011년의 4억 위안에서 2013년 42.6억 위안으로 10배 이상 급증하였다. 2014년에는 120억 위안으로 추정되어 1년 사이에 3배나 늘어 매출에 날개를 단 형상이다.

●● 처방약도 인터넷으로 판매

중국 정부가 추가로 온라인 판매를 검토 중인 것은 처방약과 함께 만성질환 의약품으로 그 종류가 200~300종에 달하는 것으로 알려졌다. 이에 따라 중국회사는 물론 글로벌 제약사들도 인터넷 약품판매에 높은 관심을 보이고 있다.

글로벌 제약회사인 GSK의 중국합자법인인 중메이스커(中美史克)제약유한회사는 2015년에 톈마오사이트에 거점약국(http://tskf.tmall.com)을 개업하였다. 글로벌 제약사 중 중국 내에서 최초로 자체 의약품판매 사이트를 개설한 사례다. 대부분의 외국계 제약사는 건강기능식품과 가정용 의료기기 판매 등에 머물고 있다.

2015년에 중국의 대형 전자상거래 업체인 알리바바, 징둥상청, 이하오뎬 등은 모두 중국식품약품감독관리총국의 의약품거래자격증(A)을 취득함에 따라 조만간 온라인의 의약품 판매가 일반화될 전망이다. 온라인 의약품 거래 자격증은 A, B, C로 분류되는데 A는 사이트 운영사가 의약품 거래 시스템에 직접 뛰어들 수는 없지만 본 시스템에 입주한 의약 회사들이 개인을 대상으로 의약품을 판매할 수 있도록 국가에서 심사 및 허가를 획득해야 한다. 이에 따라 상당수 의약 회사들이 손쉽게 온라인 사이트를 통해 의약품을 판매할 수 있는 지름길이 열린 셈이다.

한편 중국의 식품약품감독관리총국은 2013년 11월에 허베이후이앤(慧眼)의약품과학기술유한회사의 95095(http://yao.95095.com) 사이트를 중국의 첫 온라인 의약품 거래 시범사이트로 선정했다. 2014년에 알리바바그룹은 95095사이트의 지분을 사들이고 있는 중신21세기유한회사를 인수함으로써 의약품 판매에서 유리한 고지를 점한 바 있다.

2015년 현재 중국에는 톈마오약관(天猫医药馆), J1(健一网, www.j1.com), 7LK(七乐康, www.7lk.cn), 쥬저우통하오야오스(九州通好药师, www.ehaoyao.com), 이야오왕(壹药网, www.111.com.cn), 라오바이싱약방(老百姓大药房, www.lbxcn.com) 등이 온라인에서 의약품을 판매하고 있다.

톈마오야오관(天猫医药馆)에서 판매하는 제품은 가정용 일반 의약품(감기약, 피부과민약, 구강제, 아동용 의약품, 진통제 등), 중의전통약(위장약, 피부약, 심뇌혈관약, 발모제 등), 건강기능식품(피로 회복제, 미네랄 보충제, 다이어트 제품, 면역력 증가제 등), 의료기기(혈압기, 혈당기, 마사지 기계, 가정용 산소발생기, 콘택트렌즈 등) 등이다.

8

해외직구 마케팅 기업의 유의점

▞ 해외직구는 선택 아닌 필수

중국 소비자에게 온라인 사이트를 통해 제품을 파는 기업들을 카운트하는 것은 이제 의미가 없다. 너무 일반적인 현상이 되었기 때문이다. 2014년 말 기준으로 중국에는 이미 5천 개 이상의 크로스보더cross border(국제매매) 전자상거래 플랫폼(사이트)이 생겼으며, 참여 기업은 20만 개를 넘어선 것으로 추정된다. 이런 온라인 마케팅의 핵심 경쟁력은 물론 제품이지만 관련 인프라를 잘 갖추는 것도 더없이 중요하다. 보세창고를 활용하면 수출 상품의 원가를 절감하는 동시에 배송시간을 단축하여 중국의 소비자에게 유리한 서비스를 제공할 수 있다.

외국 수출업체는 컨테이너로 제품을 보세창고에 반입한 후에 정식 판매가 되기 전에는 세금을 선지급할 필요가 없으므로 운영자금 절감이 가능하며, 이는 수입 상품의 원가 절감으로 연결되어 중국 소비자들이 그 혜택을 볼 수 있다. 중국 소비자가 온라인에서 주문하고 한국에서 발송할 경우 15일 정도 소요되는데 중국 내 보세창고에 이미 반입된 제품이라면 2~3일 이내에 바로 받아 볼 수 있다.

이런 서비스가 가능한 지역은 상하이, 충칭, 정저우, 항저우, 닝보, 광저우 등 총 6개 지역으로 이미 시범운영에 들어갔다. 보세구를 정할 때 주의할 점은 신속한 배송을 위해 수요를 제대로 예측해야 하고 세관의 협조가 잘되는지도 따져 봐야 한다.

중국 내륙의 운송비도 만만치 않게 들어간다는 점도 고려해야 한다. 중국에서 B2C 거래제품은 인증이 필요치 않아 비관세 장벽을 피할 수 있다. B2C 거래는 일반 수입 통관 과정에서 요구되는 인증 등을 받지 않아도 되기 때문에 수출업체가 중국정부로부터 인증을 받기 위해 투자해야 하는 비용 및 시간 등이 대폭 절감될 수 있다. 그러나 이는 중국 내에 저질 제품이나 짝퉁 등이 광범위하게 유통되는 원인이 되기도 한다.

온라인 B2C 판매에서 가장 중요한 점은 중국 내 사이트 인지도를 높여 소비자가 많이 찾아오도록 해야 한다는 점이다. 이를 위해 유명 사이트와 협력하거나 대대적인 광고와 SNS(소셜네트워크)의 활용 등을 생각해 볼 수 있다.

《 중국의 해외직구 금액 증가 추이 》

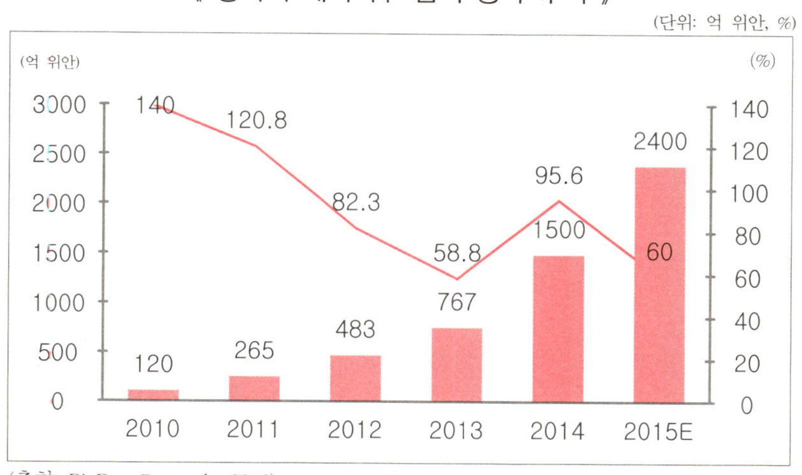

(출처: BigData-Research, 2015)

9

해외직구 소비자가 알아야 할 사항

세금부담 반드시 체크

중국에서 직구가 유행이다. 부유층은 물론 일반 서민들도 해외직구에 열을 올리고 있다. 개방화 시대에 너무나 당연한 흐름이라고 할 수 있지만, 중국인의 직구열풍은 전례를 찾기 힘들 정도로 거세다. 무엇보다 외국에서 구매한 제품을 믿을 수 있고 중국 내에서 구매하는 것보다 저렴하기 때문이다. 식품과 유아용 제품이 해외직구의 주요 대상이라는 점은 같은 맥락이다. 이런 상황을 반영하여 중국의 크로스보더(국제매매) 전자상거래 산업은 사용자와 거래금액 등 면에서 모두 비약적인 신장세를 보이고 있다.

시장조사기관 AC닐슨의 발표로는, 2013년에 중국은 총 1,800만 명이 온라인을 통해 외국으로부터 제품을 구매했으며, 그 금액은 2,160억 위안에 달했다고 집계하였다. 2018년에는 3,560만 명이 온라인을 통해 1조 위안 이상의 제품을 외국으로부터 직접 구매하게 될 것으로 전망된다. 중국에서 직구는 개인소비의 일반적인 소액 거래 단계를 넘어 정규 무역거래로 진화하고 있는 셈이다.

외국 직구로 물건을 사면 어떤 장점이 있을까? 우선 비용이 저렴한 경우가 많다. 배송비가 없는 경우 더욱 그러하다. 왜냐하면, 일반 수입은 증치세(17%)와 관세를 따로 물어야 하지만 직구물건은 이런 세금이 없는 대신 우편 세만 물면 된다. 세금이 전혀 없다고 생각하는 사람이 있는데 잘못 알려진 사실이다. 최고 50% 달하는 우편세율을 부과하기 때문에 무조건 싸다는 표현도 조심해야 한다.

예를 들어, 한국산 우유를 일반무역을 통해 중국으로 수입할 경우 관세 15%, 증치세 17%를 각각 부담해야 하나, 크로스보더 전자상거래 방식으로 소비자가 직접 수입할 경우 우편세 10%만 부담하면 된다. 세금이 50위안 이상에만 부과되고 그 밑은 아예 면세된다. 또한, 외국에서 구매한 제품을 믿을 수 있을까? 전혀 그렇지 않을 수 있으니 조심해야 한다. 가짜를 배송해도 사전에 확인할 방법이 없으니 주의해야 한다. 신뢰할만한 사이트만을 이용하는 것도 대안이다.

해외직구 시 고려해야 하는 단점은 운송기간이다. 반드시 체크하여 사용 시 문제가 없도록 해야 한다. 더불어 운송비를 누가 부담하는지도 세심하게 체크해야 한다. 배보다 배꼽이 더 커질 수 있기 때문이다.

10

외국상장과 억대부자의 탄생

❖ 물건에 이어 기업도 외국으로

2014년 9월에 중국의 대표적인 IT 기업인 알리바바가 미국 증시(뉴욕거래소)에 상장되면서 중국인들을 더욱 들뜨게 하였다. 양적인 성장에만 머물던 중국경제가 드디어 세계 최고의 증시에서 제대로 평가받기 시작했다고 환호하였다. 알리바바의 상장규모가 총 1,700억 달러에 달해 구글과 페이스북에 이어 글로벌 3대 사이트로 자리 잡으면서 중국경제의 IT화와 글로벌화를 동시에 업그레이드(upgrade)했다는 평가다.

화교들의 국제비즈니스 거래사이트로 출발한 알리바바는 중국 기업을 넘어 세계적인 기업으로 발돋움하면서 더욱 양호한 재정지표를 보여주고 있다. 2014년에 알리바바의 소득은 525억 위안에 달해 전년보다 50% 이상 늘어난 것으로 추정되고, 이윤율 증가세는 세 자리 수를 달리고 있다. 겉은 화려하면서도 제대로 수익구조로 되어 있지 못하는 상당수 정보통신기업과는 차별화된 구조를 가진 것이다. 여기에는 물건 구매를 온라인에 주로 의존하는 중국의 네티즌이 큰 힘이 되고 있다.

중국 기업의 외국상장이 일상화되면서 홍콩, 뉴욕, 싱가포르 증권시장에서 왕서방의 활약은 이제 뉴스가 되지도 못할 정도로 평범한 일상이 되고 있다. '2013~2014년 중국기업 외국상장 백서'에 따르면, 2013년에 새로 외국에 상장된 중국기업은 83개이며, 이들의 상장 금액은 1,199.6억 위안이었다. 상장기업 수와 상장 금액은 전년 대비 각각 40.7%와 91.7%가 증가하였다.

이어 2014년 상반기에 외국 증시에 얼굴을 내민 중국기업은 52개로, 그 금액이 605.8억 위안에 달해 연간 기준으로는 100개를 넘어서면서 또다시 신기록을 수립할 것으로 기대를 모았다. 2013년에 중국기업이 상장한 외국 증권거래소를 보면, 홍콩증권거래소, 뉴욕증권거래소, 나스닥, 런던 AIM 시장, 프랑크푸르트증권거래소 등으로 그전에 절대적으로 홍콩증권거래소에만 의존했던 것과는 완전히 상황이 달라지고 있다. 물론 여전히 전체 외국상장의 절반 정도를 홍콩에 의존하고 있지만 말이다. 또한, 그동안 제조업 위주의 상장에서 인터넷·전자상거래 기업의 상장 금액이 큰 폭의 증가세를 보이고 있다.

인터넷 기업 외국상장 주도

2015년에 인터넷 기업의 외국상장 금액은 200.9억 위안으로 전체의 33%나 차지하였다. 대표적인 사례로 온라인을 통한 저렴한 판매와 신속한 배달로 명성을 드높이고 있는 징둥상청을 손꼽을 수 있는데 나스닥 시장에서 108.6억 위안의 상장 금액을 기록하여 동일분야에서 최고치 기록하였다.

Tarena(达内科技), 신랑웨이보(新浪微博), 쥐메이요우핀(聚美优品), 즈롄자오핀(智联招聘), 쉰레이(迅雷) 등 유명 IT 기업들도 모두 미국에 상장되면서 주가를 드높이고 있다. 더불어 2014년 하반기에서 상하이와 홍콩의 증권시장을 연결하는 '후강퉁(沪港通)' 프로젝트가 빠른 진전을 보이고 있으며, 앞으로 중국 본토와 홍콩의 투자자는 현지 증권거래소를 통해 상대 지역의 주식을 거래할 수 있어 중국 자본시장은 진일보할 것으로 예상한다.

유명기업들이 봇물 터지듯 상장하면서 최고경영자가 돈방석에 앉을 뿐만 아니라 일반근로자도 부자의 대열에 합류하는 자본주의의 승리가 사회주의 국가인 중국에서 확산하고 있다. 알리바바만 보더라도 9.8%의 지분을 가진 CEO 마윈은 이번 상장에 따라 288억 달러를 단숨에 손에 쥐게 되어 중국 부자 1위로 등극하였다. 이 회사 종업원 1만 1천 명은 상장으로 1인당 422만 달러의 거액을 품에 안게 되었다. 이를 중국 돈으로 환산하면 2,591만 위안에 달해 1만 명의 천만 위안 부자가 탄생했다고 중국 언론은 전한다.

중국기업의 외국상장 열풍은 앞으로도 더욱 가속도를 받을 전망이다. 인터넷, 전자상거래, 미디어, 신에너지 등 신흥산업 외에 서비스, 의료, 금융 등의 업체들도 잇따라 외국에서 상장될 것으로 점쳐지고 있기 때문이다.

이런 움직임은 상장기업 수에서 새로운 기록일 뿐만 아니라 일반 근로자를 벼락부자로 만들어 진짜 자본주의가 사회주의에서 꽃피는 진풍경이 이어질 전망이다. 이전에 모든 길이 로마로 연결된다고 했는데 이제는 모든 돈이 중국으로 결집하는 형국이다.

외국산 드라마 인터넷 방송규제

사전 검열 일반화 유의

문화콘텐츠분야를 총괄하는 중국 정부기관인 국가신문출판광전총국(이하 '광전총국'으로 약칭)은 2015년 1월 21일에 '온라인 외국드라마 관련 정보 등록신청 업무에 관한 통지'를 통해 새로운 규제를 발표하였다. 이에 대한 첫 번째 업무로 방영물에 대한 사전심사가 진행된다.

중국의 온라인 동영상 사이트는 2015년부터 외국 드라마를 수입하기 전에 '외국 드라마 수입정보 등록 사이트'에 그 해의 외국 드라마 수입계혹 및 수입이 예정된 드라마 관련 정보를 반드시 등록하도록 규정하고 있다. 이에 대해 성급 광전총국에서 1차적으로 등록신청 자료를 심사하며, 이 과정을 완료한 후에는 국가 광전총국 인터넷국에 관련 자료를 제출해야 한다.

2014년 12월 31일 전에 수입계약을 체결한 드라마, 혹은 현재 온라인으로 방영되고 있는 외국 드라마는 2015년 3월 31일까지 온라인 등록을 진행해야 한다. 2014년에 방영을 마치지 못한 외국 드라마는 2015년에 지속해서 방영하게 되며, 2015년에 방영되는 분량은 2015년 드라마 수입계획에 포함한다.

방영물 수량제한도 시행된다. 2015년에 온라인 동영상 사이트 방송용으로 수입이 가능한 외국 드라마 분량은 2014년에 온라인으로 방영된 중국산 드라마 분량의 30%로 제한된다. 드라마 분량은 드라마 회수로 계산하며, 매회 방영시간은 45분을 초과할 수 없다. 또한, 실시간 방영도 금지된다.

중국에서 2015년에 수입하는 온라인 방송용 외국 드라마는 첫 회부터 마지막 회까지 모든 자막을 제작해야만 심사 신청이 가능하다. 이후에 심사를 통해 수입허가증이 발급되며, 그 이후에 온라인 방영이 가능하다. 이런 정책으로 중국의 시청자들은 더는 실시간으로 외국 드라마를 시청할 수 없게 되었다. 또한, 2015년 4월 1일 전으로 등록을 완료하지 않은 작품은 같은 해에 방영할 수 없다는 점에도 유의해야 한다.

중국 정부가 온라인 동영상에 대해 TV 방송과 동일한 규제를 시행할 움직임을 보임에 따라 온라인 외국 드라마는 수입편수가 줄어들고, 방송시기가 실제 방송시기보다 3~6개월 정도 늦어질 것으로 전망된다.

6장

차이나 경영 비법

1

지방정부 우대책 폐지방안 후퇴

⠿ 자의적 우대조치 금지

중국 국무원은 2014년 말에 지방정부에 의한 기업 관련 우대책을 폐지한다고 발표했다. 중국 국무원은 '조세 등 우대정책 정비·규범화 관련 통지(62호)'를 지방정부에 알려 지방별로 세금감면 등을 통한 개별 우대정책을 청산·정비하여 조세법정주의 원칙을 유지하고, 2015년 3월 말까지 지방정부의 우대정책 청산 상황을 재정부에 보고하도록 지시하여 지방정부가 자체적으로 제공하던 우대정책이 자동으로 취소되거나 중단되는 사태 발생하면서 적지 않은 혼란이 초래되었다. 특히 소급적용을 명문화하고 있어 외자기업들과 지방정부 사이에 분쟁이 초래되기도 하였다.

이와 관련, 2015년 5월에 중국 정부는 새로운 통지(지방정부의 조세 등 우대정책 관련 통지, 국무원 25호)를 통해 앞으로 조세 등과 관련한 신규 우대정책은 국무원 비준을 받되 기존의 우대정책은 유효한 것으로 인정한다고 발표하여 기존 조치(62호 통지문)를 크게 완화하였다.

특별히 기존 지방정부의 우대정책을 유지하고 이미 시행한 혜택에 대해서는 소급하여 추궁하지 않는다는 것이 골자다. 더불어 앞으로 조세 및 중앙정부 비준이 있어야 하는 신규 우대정책은 국무원 비준을 얻은 후 집행하도록 명시하여 무분별한 혜택의 남발은 허용하지 않겠다는 큰 원칙은 변하지 않았다. 비조세 소득 관련 우대정책일 경우, 반드시 국무원의 비준을 얻은 후 집행해야 한다고 명시하였다.

기타 우대정책은 지방정부 및 관계기관의 소관으로 비준하고 집행할 수 있다고 통지하였다. 이런 변화는 실물경제 하락에 따른 고육지책으로 보일 뿐 중국 정부의 정책 기조가 바뀐 것으로 보기에는 다소 무리인 것으로 해석된다. 의법통치(依法統治)에 대한 중국 정부의 확고한 의지를 고려할 때 앞으로 지방정부와 투자 관련 협상을 진행할 때 혜택의 실행 가능성을 잘 점검하고 서류를 통한 명문화(미이행 시 보상방안 등)에 세심한 주의가 필요하다고 보인다.

식품안전을 강화한 새 법률

◈◈ 안전한 식품확보가 핵심

중국 정부가 대폭 변경된 식품안전법을 내놓았다. 신규 식품안전법 (2015년 판)은 제12기 전국인민대표대회 상무위원회의 14차 회의에서 심의 통과되었으며, 시행 일자는 2015년 10월 1일인데 총 154개 조항 으로 구성되어 기존 법령(2009년)보다 50개 조항이 추가될 정도로 크 게 변경되었다. 새로운 법령은 고농도 농약 사용을 제한하고 있다. 맹 독, 고농도 및 고잔류 농약의 사용을 자제하는 대신 대체제품의 연구 개발 및 사용을 통해 고효능, 저농도, 저잔류 농약의 강력하게 요구하 고 있다.

채소, 과일, 찻잎, 약재 등 국가가 규정한 특정 농작물에 대해서는 맹독 및 고농도 농약의 사용을 금지했다. 또한, 보건식품 서류등록(备 案)제도를 신규로 도입하였다. 보건식품을 등록(注册)제도와 서류등록 (备案)제도로 분류하여 관리하도록 규정하여 기존에 일괄적으로 등록 (注册)제도만을 운영해 왔던 것과 크게 변하였다. 중국정부는 기존에 발표한 보건식품 원료리스트에는 원료의 명칭만 표기했지만, 앞으로는 원료의 사용량 및 상응하는 효능 등을 추가토록 유도할 방침이다.

이를 위해 구체적인 원료리스트에 대해 국무원 식품약품감독관리총국과 국무원 위생행정기관, 국가중의약 관리기관에서 제정 및 조정하여 발표할 예정이다. 보건식품 원료리스트 외의 원료로 생산한 보건식품과 처음 수입하는 보건식품은 국무원 식품약품감독관리총국에 등록(注册)해야 한다. 단, 처음 수입하는 보건식품 중 비타민 보충제, 미네랄 등 영양물질은 국무원 식품약품감독관리총국에 서류등록(备案)만 진행하면 되어 서류절차가 간소화되었다.

수입 보건식품은 반드시 수출국(지역)의 주무부처가 출시 및 판매를 허가한 제품이어야 한다. 등록(注册)제도가 적용되는 보건식품은 연구개발보고서, 제품배합, 생산공정, 안전성 및 보건효능 평가서, 라벨, 설명서 등의 자료와 샘플을 제출함과 동시에 관련 증명서를 제공해야 한다. 국무원 식품약품감독관리총국은 기술심사를 진행하여 안전성 및 효능요건에 맞으면 등록을 허가하고, 맞지 않으면 등록을 거부하고 서면으로 이유를 설명해야 한다.

보건식품은 라벨 및 설명서에는 질병 예방과 치료 효능에 대한 언급이 불가하다. 또한, 표기한 내용은 등록, 혹은 서류등록 시 내용과 일치해야 하며, 복용 가능 대상, 복용 불가능 대상, 효능 성분 및 그 함량 등을 표기하고, '본 제품은 약품 대체 사용 불가(약품이 아니라는 의미 표기)'라고 표명해야 한다. 영유아용 조제식품에 대한 관리감독도 강화되었다.

▓ 영유아용 식품은 사전 등록

영유아용 조제식품의 생산업체는 원료 입고에서 상품 출고에 이르기까지 전 과정에 대한 품질 감독관리를 하고, 출고하는 영유아용 조제식품에 대한 검사를 강화하도록 규정하고 있다. 영유아용 조제식품의 생산업체는 식품 원료, 식품 첨가제, 제품배합 및 라벨 등을 성, 자치구, 직할시의 식품약품감독관리국에 등록해야 한다. 영유아용 조제분유의 제품배합은 국무원 식품약품감독관리총국에 등록해야 하며, 등록 시 연구개발보고서 및 기타 제품배합의 과학성과 안전성을 표명하는 자료를 제출해야 한다는 점에 유의해야 한다.

영유아용 조제분유는 분할포장(分裝) 형식으로 생산할 수 없으며, 1개 기업은 동일한 제품배합으로 서로 다른 브랜드의 영유아용 조제분유를 생산 불가하다. 온라인 판매 시에도 유의할 점이 있다. 온라인 식품사이트 운영업체는 동 사이트에 입주하는 식품 경영업체(즉 판매업체)에 대해 실명제 등록을 해야 한다.

이를 통해 소비자가 손해를 입었을 때 식품 경영업체 혹은 생산업체에 배상을 청구할 수 있으며, 식품사이트 운영업체가 식품 경영업체의 명칭, 주소, 연락처 등을 제공하지 못하면 식품사이트 운영업체가 배상해야 한다. 배상 후 식품 경영업체 혹은 생산업체에 배상 청구할 수 있다.

유전자 변형식품은 표시토록 하는 규정이 추가되었다. 유전자 변형식품은 생산 및 경영 시 규정에 따라 표시해야 하며, 이를 이행하지 않는 경우 생산도구, 설비, 원료 등을 압수하고, 최대 제품 판매가의 5~10배의 벌금을 부과할 수 있다. 상황이 심각한 경우 생산 중지, 혹은 영업 허가증 취소 등으로 처분도 가능하다. 생산경영 허가증을 취득하지 않고 식품, 식품 첨가제를 생산 및 경영한 경우, 판매가가 1만 위안 미만이면 5천 위안~10만 위안의 벌금을 부과하고, 판매가가 1만 위안 이상이면 판매가의 10~20배의 벌금을 부과한다고 규정하고 있다.

아동복 강제표준(GB) 시행

❖❖ 기술규범 안전도 강화

중국정부는 2016년 6월부터 아동복에 대한 강제 국가표준(GB)을 시행한다고 발표하여 아동복 수출업계의 선제 대응이 필요하다. 중국질검총국과 국가표준위원회는 아동복 강제 국가표준(GB 31701-2015 : 영유아와 아동 방직품 안전기술 규범)을 발표했으며, 2016년 6월 1일부터 시행할 예정(과도기는 2016년 6월 1일부터 2018년 5월 31일임)이라고 공지하였다. 이 표준은 전문적인 아동복 관련 강제적인 국가표준이며, 기존 방직품의 안전표준에 근거해 아동복 관련 각종 안전성 요구를 제기하고 있다.

분야별로는 화학안전(가소제는 물론 납, 카드뮴 등 2종의 중금속에 대한 사용량을 제한)과 기계안전으로 구분되어 있다. 기계안전은 아동복의 목, 어깨, 허리 등 부위에 부착하는 벨트에 대해 구체적으로 규정한 내용과 영유아 및 7살 이하 아동복은 목 부위에 벨트 부착이 불가하다는 내용을 담고 있다. 동시에 방직품 부품(附件)은 일정한 항장력(抗拉强力)이 있어야 하고, 뾰족하거나 모서리가 있어서는 안 되며 연소방지 기능에 대한 요구도 추가되었다.

아동복 사용설명서에 안전기술 등급을 표기해야 하며, 영유아용 방직품은 반드시 '영유아용품'이라고 표기해야 한다. 연령대에 따라 36개월 이하의 영유아용 방직품과 3~14세(14세 포함)의 아동용 방직품으로 구분된다. 영유아용 방직품은 A등급에 이어야 하고, 직접 피부와 접촉하는 아동용 방직품은 최저 B등급에 이어야 하며, 직접 피부와 접촉하지 않는 아동용 방직품은 최저 C등급에 이어야 한다.

아동복의 안전기술 등급은 A, B, C 3개 등급으로 구분하고 있다. A등급은 최고 안전등급이고, C등급은 기본요구에 해당하는 등급이다. 이에 따라 중국 내 아동복 시장은 국내 업계가 관심이 있는 분야임을 고려하여 앞으로 수출에 대한 장벽으로 작용하지 않도록 선제 대응할 필요가 있다. 특히 중국의 강제표준을 검토하여 불합리한 내용이 포함될 경우 통상차원에서 대응하는 이원화된 전략이 필요해 보인다.

④

비영리 연락사무소의 세금

❖ 비영리 연락사무소도 과세

한·중 간 항로를 뛰는 한국적 선사로써 해운업을 영위하고 있다. 중국 마케팅을 강화하기 위해 얼마 전에 상하이에 연락사무소를 신규 개설하였다. 사무소이니 당연히 영업행위는 하지 않는다. 연락사무소 운영비용으로 한국에서 운영비용을 매월 송금받고 있다. 상하이 세무국에서는 영업세(5%)와 영업부가세(13%)를 당사에 적용하여 징수하겠다고 알려 왔다. 이러한 과세가 맞는지 궁금하다. 이처럼 중국에 비영리 기구를 설치한 경우 세금을 물게 되어 불만을 토로하는 기업들이 있는데 세금은 이익이 나야 내는 것 아니냐는 논리에 근거한다.

외국기업의 중국 내 연락사무소에 대한 중국당국의 과세규정은 다음과 같다. 즉, 연락사무소로서 영업행위는 없어도 중국정부는 기업소득세, 영업세 및 영업부가세를 과세한다. 다만, 한·중 양국의 이중과세방지규정에 따라 이중과세방지 증명을 제공할 수 있는 회사의 경우, 중국에서의 영업세 등을 면제받을 수 있다. 현재까지 이중과세방지 혜택을 받은 한국 해운사는 극히 소수라고 한다.

해당 분기 지출액이 기준

소득세, 영업세 및 영업부가세 납부와 관련된 중요한 포인트는 다음과 같다. 소득세, 영업세 및 영업부가세는 분기별로 납부하는데 과세기준액을 본사 운영비 입금액으로 하는 것이 아니라 해당 분기 사무소지출액에 따라 과세기준액을 산출한다. 즉, 해당 분기 과세기준액은 해당 분기 사무소 지출액에 80%를 나누기해서 산출된 금액이다.

① 해당 분기의 사무소지출액 = A

② 해당 분기의 과세기준액(B) = 1.25A 위안(A/80%)

이를 통해 소득세(1.25A*15%*25%=A*4.687%)를 산출하는데 세무당국에서 인정하는 해당 분기의 사무소 수익은 과세기준액(1.25A)의 15%이다. 영업세는 해당 분기의 과세기준액에 영업세율(5%)을 곱해서 산출되고 영업부가세는 사무소 지출액에 0.75%를 곱해서 산출하게 된다.

이밖에 도시부동산세와 중앙정부 교육세, 그리고 지방 교육세 등도 납부해야 한다. 이에 따라, 연락사무소의 경우 분기별 총 과세액(소득세, 영업세 및 영업부가세 등)은 해당 분기 사무소 지출액의 11.7%에 달한다.

혹서기 수당과 기업현장의 혼란

기온이 치솟으면 고온수당 지급해야

중국 정부는 기업이 근로자들에게 혹서기 수당을 지급하도록 명문화하고 있다. 산동성의 경우 매년 6~9월(4개월간)은 혹서기 수당을 지급해야 한다. 수당 기준은 35도 이상의 작업환경에서 근무하는 근로자에게는 매월 120위안이고, 나머지는 매월 80위안을 지급해야 한다.

베이징은 6~8월 중 실외 작업자에게는 180위안을 주도록 명시하고 있으며, 실내 작업장이라도 33도 이상이면 120위안을 지급하도록 규정하고 있다. 온도에 따라 작업시간을 제한하는 제도를 동시에 시행하고 있다는 점에 유의해야 한다.

베이징은 하루 중 최고 온도가 40도 이상이면 당일 실외작업을 금지하고, 37~40도인 경우 6시간 이상 실외작업을 금지(12시부터 15시는 중단)하고 있다. 또한, 35~37도일 때는 교대방식으로 일해야 한다고 명시하고 있음을 주지해야 한다. 산동성의 경우 베이징과 비슷하지만 35~37도일 경우 11시부터 오후 4시까지 작업을 중단토록 규정하고 있다.

이와 관련하여 중국진출 기업들은 고온수당에 따른 원가상승은 크지 않지만, 적용에 대한 혼란이 노사갈등을 유발한다면서 명확한 지침이 필요하다는 입장이다. 가령, 하루 중 최고 온도만으로 아침이나 저녁 작업도 안되는지? 지역별로 수당금액, 적용시기, 기준온도를 통일할 수 없는지? 기준온도는 해당 성(省)인지, 아니면 도시인지? 등이다. 또한, 지구 온난화 등으로 35도 이상이 흔하게 발생하고 실외작업이라도 하루 중 최고 온도만으로 작업을 완전히 중단하거나 제한하는 것은 비현실적이라는 지적이 있다.

중국 내 일부 노동부문에서도 명확한 답변을 못하는 예도 있어 문제 발생 시 노동중재위를 통해야 한다고 응답하고 있다. 통상채널을 통해 혹서기 수당에 대한 명확한 규정을 정해 발표할 필요가 있다는 의견이 업계에서 나오고 있다.

6

분공사 설립 절차와 서류

⚏ 모기업의 권한 내에서 영업

중국에 진출하여 영업행위를 직접 하기 위해서는 법인을 세워야 한다. 연락사무소 형태인 대표처로는 직접적인 마케팅 등 영리행위를 할 수 없기 때문이다. 중국 내수시장 공략이 화두로 등장하면서 마케팅 거점 1개로는 중국 전역을 담당할 수 없고 효율적으로 거래처를 관리하기도 쉽지 않아 별도의 마케팅 거점을 세우게 되는데 이것을 분공사(分公司)라고 한다.

분공사는 외국법인이 아니라 중국 내 법인이 세운 것이며, 마케팅(직접적인 영리행위)을 할 수 있는 특징이 있다. 예를 들어 외국기업이 베이징시에 투자하여 법인을 설립하고, 이 법인이 중국 전역을 담당한다면 분공사가 필요 없지만 요즘 급격히 부상하고 있는 충칭과 청두 등 중서부지방에 대한 마케팅을 강화하기 위해서는 별도의 사무실을 두게 되는 경우가 있다.

신속하게 상품을 공급하기 위하여 중서부에 물품창고를 설치하여 보관행위를 하면서 세금계산서도 직접 발행하고, 거래대금도 현장에서 회수한다면 분공사 설립을 피할 수 없다. 별도로 독립적인 영업행위가 진행되기 때문에 해당 지역 공상 및 세무기관의 허가와 관리를 받아야 한다.

분공사 설립에서 유의할 점은 분공사는 본사의 영업범위를 초과해서는 안 되고 분공사의 위법행위가 있다면 관련된 법적 문제에 대해 원래의 법인도 공동 책임을 부담하여야 한다는 것이다. 떨어져 있어도 본사(법인)가 제대로 직접 관리를 해야 한다는 의미다.

⏻ 분공사 설립절차

분공사 설립 절차는 다음 순서로 진행한다.

① 분공사 상호명 신청
→ ② 분공사 사업자등록증 신청
→ ③ 기업코드증 신청
→ ④ 세무등록증 신청
→ ⑤ 통계증 신청
→ ⑥ 은행계좌 개설 등

⏻ 분공사 설립서류

설립에 필요한 서류는 투자자가 서명한 원본(2부)으로
① 분공사 신청서와
② 동사회 결의서

여기에 본사 역할을 하는 기업의 다음의 서류가 추가되어야 한다.
③ 법인의 사업자 등록증
④ 비준증서
⑤ 기업조직기구증
⑥ 기업정관
⑦ 계약서

법인 없이 분공사 설립방안

:: 대부분은 중국 내 모기업 필요

현지 중국 내에는 아무런 거점이 없는 상태이며, 모기업의 영업기간이 2년 미만이므로 상주 대표처를 설립할 수 없는 상황이다. 이런 상태에서 중국에 거점을 마련하기 위해 여러 가지를 검토하고 있다. 중국은 '지점'이라는 별도의 설립형태가 없는 것으로 알고 있는데 관련 법률은 어떠한가?

외국기업이 중국에 진출하는 방법은 현지법인, 지점, 대표사무소로 나눌 수 있는데 그 중 대표사무소는 경영활동을 할 수 없고, 지점은 직접 중국법인에서 경영활동을 하지만 법적 책임은 한국 본사가 지게 되며, 그리고 현지법인은 생산 및 경영활동이 모두 가능하면서 중국 내의 모든 법적 책임을 지게 된다.

'중화인민공화국공사법(中华人民共和国公司法)' 제192조와 '외국기업 중국경내 생산경리활동 등기관리방법' 제3조에 따르면, 중국 회사법상 외국기업의 중국 내 지점 설립을 허용하고 있지만, 현재까지 실무상 일부 특수 업종을 제외하고 일반적인 외국기업은 중국 내 지점은 반드시 중국정부에서 비준을 받고 나서 설립할 수 있다.

현재 지점 설립이 가능한 업종은 4가지(석유 및 기타 광산자원의 탐사와 개발, 외국은행의 중국지점, 외국보험회사의 지점, 외국인 투자기업의 도급 또는 위탁경영)로 제한되어 있어 크게 보면 중국 내 기업활동은 대표처와 법인만이 가능한 것으로 이해하면 된다. 따라서 중국에서 영업을 위한 분공사 설립은 중국에서 현지법인을 설립하고 나서 그 후에 가능하다고 볼 수 있다.

중국 내에 여러 개의 법인을 설립하는 경우 유의할 점도 있다. 중국 각 지방은 지역색이 강해 다른 곳에 설립된 회사의 분공사 설립에 미온적인 경우가 적지 않다. 따라서 업종에 따라 각 지역에 작은 법인을 여러 개를 설립하고 영업기반을 갖춘 후에 지주회사를 통해 통합하는 방안이 대안이 될 수도 있다.

반대로 베이징 등 큰 도시에 지주회사나 큰 법인을 먼저 세우고 나중에 각 지역에 분공사를 세우는 것이 효율적일 수 있지만, 지방에서의 영업 측면에서는 도움이 안 될 수도 있다. 특히 지방정부의 협조가 필수적인 서비스업이면 타지역에 법인을 설립한 분공사가 영업을 잘하기란 쉽지 않을 수 있다.

화장품 관리 조례 초안

✦✦ 치약도 화장품으로 취급

2015년에 중국식품약품감독관리총국(CFDA)은 신규 '화장품 관리감독조례(수정 초안)'를 국무원에 제출하여 무역업계의 관심이 높은 상황이다. 우리 기업들의 수출에 큰 영향이 불가피하기 때문이다. 화장품의 품질 안전과 화장품 기업에 대한 관리감독을 강화하고 신원료, 신기술 등의 지속적인 출시에 따른 새로운 규정의 필요성을 개정 이유로 밝히고 있으나 외국기업 입장에서는 무역장벽으로 다가올 수 있기 때문이다.

특히 화장품 수출에는 많은 중소기업이 관여하고 있는데 중국도 마찬가지다. 중국 내 화장품 기업은 4,000개에 달하며, 중소기업이 90%를 차지하나 이들의 시장점유율은 20%에 불과하여 영세함을 벗어나지 못하고 있다.

수정 초안은 화장품을 문지르거나 뿌리는 등의 방법으로 인체 표면(피부, 모발, 손톱, 입술 등), 치아, 구강점막에 사용하여 청결, 보호, 미화(美化), 단장(修飾) 및 양호한 상태 유지를 위한 제품이라고 규정하여 파문을 일으키고 있다. 현재 치약은 질검총국(质检总局)에서 공업품 생산허가증과 수출입 검사제도로 관리하나 앞으로는 화장품으로 분류되어 CFDA에서 관리하면서 관련 감독이 강화될 것으로 보이기 때문이다.

미국, EU, 일본 등은 구강보호용품을 화장품으로 관리하고 있는 것으로 알려졌다. 중국 내 관련 업계는 치약산업은 업계표준과 관리규범이 비교적 양호하게 발전하고 있어 정부 차원의 관리가 필요 없고, 충치 예방(防齲) 및 세균 번식 억제(抑菌) 등은 화장품과 관련이 없다는 견해이다. 또한, 상당수 중국산 치약은 한약재를 사용하므로 화장품 관리방법과 일치하지 않다는 의견을 제기하는 등 반발하고 있다.

치약이 화장품으로 분류될 경우 새로운 비관세 장벽으로 부상할 우려가 있어 적절한 대응이 필요하다. 수출을 위해 CODA 인증이 필요하므로 비용과 시간이 허비되고 화장품 소비세(30%)도 새로운 원가상승 요인이 될 수 있기 때문이다. 2015년 1~6월 중 대중국 치약 수출액이 1천만 달러에 육박하고 있다.

▪▪ 신원료 심사비준 엄격

신원료는 심사비준 및 서류등록 제도를 모두 적용받게 된다. 방부제, 자외선 차단제, 착색제, 염색제, 미백제 등의 원료는 심사비준 제도로 관리하고 기타 신원료는 서류등록 제도로 관리하게 된다. 심사비준 제도 적용 시 수입 화장품의 중국 내 대리인은 국무원 식품약품감독관리기관에 신청하여 비준을 받아야 하며, 서류등록 제도 적용 시 신원료 사용 30일 전에 국무원 식품약품감독관리기관에 서류등록을 진행해야 한다. 원료목록을 금지, 제한 및 사용가능(准用) 등으로 구분하여 관리하게 된다.

또한, 화장품은 특수용도 화장품과 일반(普通) 화장품으로 분류하여 관리하게 된다. 특수용도 화장품을 9종에서 염색류, 퍼머류, 미백류, 자외선 차단류 등 4종으로 축소되고 헤어토닉류(育发), 제모류, 버스트케어류(美乳), 바디컨투어링류(健美) 등 5종은 의약품 혹은 일반 화장품으로 분류될 예정이다. 특수용도 화장품의 등록증 유효기간은 5년이며, 만기 6개월 전에 연장수속을 진행해야 한다.

기존에 품질감독기관에서 발급하는 화장품 생산허가증과 식품약품감독관리기관에서 발급하는 화장품 생산기업 위생허가증을 화장품 생산허가증(성·자치구·직할시 식품약품관리감독기관에서 발급)으로 통합하게 된다. 생산업체는 화장품 생산품질관리규범(국무원 식품약품감독관리기관이 제정)에 따라 생산하도록 규정하여 과거 위생부에서 제정한 화장품 생산기업 위생규범을 대체하게 된다.

화장품 추적관리 제도도 강화된다. 화장품 온라인 쇼핑몰 운영업체는 생산업체에 대한 실명제 등록을 해야 하는 등 책임을 강화했으며, 화장품을 제공하는 미용·헤어업체, 호텔 등도 관리대상에 포함시킨 것으로 알려지고 있다. 위법행위 처분 관련 벌금기준이 크게 높아져 벌금기준을 위법에 따른 이득에서 위법 상품금액 전체로 확대하고 최저 벌금 한도를 제정하였다.

생산기업은 라벨에 명시한 효능을 책임져야 하며, 그 효능은 문헌자료나 연구자료를 기반으로 하고 충분한 과학적인 근거가 있어야 한다. 문헌자료, 연구자료, 혹은 효능 검증자료 등은 CFDA가 지정한 사이트에 공거하여 사회 감독을 받아야 한다.

9

저작권에 대한 등록절차

✴ 미흡한 저작권 보호

중국에서 한류는 단순히 문화를 넘어 비즈니스로 정착하기 시작한 지 오래되었다. 이런 측면에서 문화도 상품이고, 이를 창작하고 마케팅하는 비즈니스는 그 무엇에 비교할 수 없을 정도로 유망한 분야가 되었다. 그러나 이것은 어디까지나 저작권(문학과 예술, 그리고 과학 분야에서 창작성을 가지고 어떤 유형적 형태로 복제할 수 있는 지적 성과물에 대한 권리)이 제대로 지켜질 때 가능하다는 전제가 따른다.

사업장소가 중국이면 더욱 그러하다. 중국 정부의 다각적인 노력에도 아직 불안정한 저작권 보호환경과 명확하지 않은 저작물 이용 관행으로 우리 기업들이 피해를 보는 사례가 적지 않은 게 현실이기 때문이다.

특히 중국도 문화를 즐기는 샤오캉(小康) 사회에 접어들면서 콘텐츠에 대한 수요가 급증하고 있어 저작권 보호를 위한 우리 기업들의 노력이 매우 중요한 시점이다. 저작권 피해를 줄이는 최선의 방안은 중국기관에 저작권을 등록하는 것이다. 저작권 등록에 대한 업무를 담당하는 곳은 중국판권보호중심(http://ccopyright.com.cn)이며 등록 대상은 일반 저작물과 SW 저작물이다.

❖ 저작권 등록절차

저작권 등록은 직접 방문하여 등록하거나 우편 또는 온라인으로 등록을 신청할 수 있다.

⏻ 저작권 등록절차

온라인 저작권 등록 신청의 진행순서는 다음과 같다.
  ① 신청자료 작성 및 출력
→ ② 신청자료 심사 및 입금통지
→ ③ 입금확인 및 등록신청 접수
→ ④ 심사 후 등록증 발급

⏻ 저작권 등록기간

저작권 등록에 필요한 기간은 등록신청 접수일로부터 30일이다. 단, 보충자료 필요하면 신청인은 자료보충 통보를 받은 후 2개월 내 보충자료를 제출해야 하고, 자료 제출 후 30일 내 완료된다.

직접 신청에 나서는 경우 중국판권보호중심 저작권등록신청서, 권리보증서, 작품샘플(음악, 드라마, 영화 등), 작품설명서, 신청자 신분증명 복사본 등이 필요하며 위탁대리 신청은 앞의 서류에 대리인 위탁서(개인 또는 법인)와 대리인 신분증명이 필요하다. 참고할 사항은 저작권 등록신청 관련 서류는 일반적으로 중국정부 당국에 신청하는 서류와 달리 공증 인증을 받지 않아도 된다는 점이다.

10

상표등록 비용과 절차

상표등록 유효기간 10년

상표법 제22조에 따르면 신청자는 규정된 상품의 유형에 따라 상표를 사용할 상품의 종류와 명칭을 신고하여야 하고, 동법 제28조에 따르면 등록을 신청한 상표에 대하여 상표국에서는 상표등록 신청서류를 수령한 날로부터 9개월 이내에 심사를 완료한 후에 초보심사공고를 발표한다고 규정하고 있다.

또한, 초보심사 공고를 발표한 날로부터 3개월 이내에 선권리자(저작권자), 또는 이해관계자는 이의를 제출할 수 있고, 이의가 있을 때 상표국에서는 초보심사공고 만기일로부터 12개월(특수한 상황이 있으면 공상부서의 비준을 받고 6개월 연장 가능) 이내에 상표 등록 허가 여부를 결정한다. 이의가 없거나 심사기간 이내에 상표국에서 상표 등록을 허가할 경우 상표 등록 신청자에게 상표 등록증을 발급한다. 등록 상표의 유효기간은 10년이고, 허가한 날로부터 계산된다.

중국이 국제특허기관에 가입되어있으면 더욱 수월하게 중국에서도 효력을 인정받을 수 있다. 중국의 '상표법실시조례(2014)' 제34조에 따르면 상표의 국제등록과 관련하여 현재 중국은 표장의 국제등록에 관한 마드리드협정, 표장의 국제등록에 관한 마드리드 의정서 및 표장의 국제등록에 관한 마드리드협정 및 의정서의 공동시행세칙의 적용을 받고 있다.

즉, 국제조약에 따라 상표등록을 하면 중국에서 효력을 인정받을 수 있다. 중국 법규상 상표를 중국어 또는 영어로 표기하여야 하는 것에 대한 제한성 규정이 없다. 상표 등록 시 공식 신청비용은 800위안이고, 10개의 상품 항목 수로 제한되어 있다. 상품 항목 수가 10개 이상일 경우 매 한 개의 상품에 대하여 80위안씩 추가 납부해야 한다.

예를 들어 NIKE는 상의, 하의, 모자, 신발, 가방 등 상품에 모두 'NIKE'란 상표를 등록하고자 하면 위 상품 항목 수가 10개를 초과하지 아니하면 상표 등록 신청비용은 800위안이지만, 10개를 초과할 경우 매 초과한 상품에 대하여 80위안의 비용을 추가 납부해야 한다는 의미다.

11

기업설립 후 자금난 해소방안

외국기업도 중국무역보험 이용을

우리나라는 국가적으로 무역을 장려하기 위해 다양한 금융지원제도를 운용하고 있다. 대표적인 사례가 한국은행 무역금융제도다. 그러나 이 제도의 지원을 받아 중국에서 위탁가공무역을 진행할 경우 무역금융 융자대상 수출실적은 '위탁가공무역에 드는 국산원자재를 무상으로 수출한 실적'으로 한정하고 있다.

대외무역관리규정에서 정하는 위탁가공무역의 경우도 융자대상 수출실적을 위탁가공무역에 드는 국산 원자재를 무상으로 수출한 실적으로 한정한다. 따라서 제3국 내 투자공장을 통해 원자재를 조달하는 경우 본사가 원만하게 자금을 지원할 수 없고 중국 내 공장도 부동산(토지는 국가소유)에 대한 담보인정이 어려워 원활한 공장운영과 원부자재 조달에 금융 애로가 발생한다.

실제로 A사는 중국 공장에 사전에 원자재 대금을 한국 본사가 지급해야 원만하게 공장을 운영할 수 있으나 본사는 국산 원자재 조달이 아니라는 이유로 무역금융을 받지 못하고 있다. 한국 업체는 수출대금이 입금되어야 중국에 임가공비를 지급하는 거래패턴을 취하고 있다. 중국 내 한국의 투자기업은 중국의 수출보험 부보를 통해 수출채권을 매각하거나 대금회수에 대한 리스크를 제거하는 방식으로 금융조달 가능하다는 점을 인식할 필요가 있다.

내수 마케팅도 리스크 제거를

외국투자기업(한국투자기업)도 중국법에 따라 중국 역내에 설립된 기업이므로 중국계 기업과 동일하게 무역보험 및 보증이용 가능하다. 우리의 무역보험공사에 해당하는 중국무역보험공사(Sinosure)는 기존에 외국계 기업에 보험상품을 파는 데 소극적이었으나 2014년부터는 외자기업을 대상으로 수출보험을 적극적으로 홍보하고 있다.

한국 업체를 지원한 사례도 여러 건이 있는 것으로 알려졌다. 대표적인 상품으로 1년 이내 신용장 및 무신용장 수출 관련, 수출자의 대금미회수 위험을 보장하는 단기수출 신용보험과 수출 후 금융기관이 결제기일 전에 수출채권을 매입하여 수출자에게 융자를 제공하는 담보융자업무(出口信用保险担保融资)라는 상품도 운용하고 있다.

수출은 물론 중국 내 거래라도 무역신용보험 이용이 가능하다는 점을 알아둘 필요가 있다. 중국 내 무역신용보험은 성(省)내 거래, 성외 거래를 구분하지 않고 이용할 수 있고 보험가입대상 품목에 제한이 없으며, 물품의 조달 원천에도 제한사항 없다.

12

창업자금의 통로 신삼판

:: 다양한 자금줄이 창업 지렛대

중국의 주식시장은 메인보드, 중소기업판(약칭 중소판), 창업판, 장외거래시장인 신삼판(新三板) 등으로 구성되어 있다. 메인보드는 상하이증권거래소와 선전증권거래소를 의미하며, 중소기업판과 창업판은 모두 선전증권거래소에서 거래가 이뤄지고 있다.

중소기업판은 메인보드에 비해 규모가 작고, 경영이 안정된 성장기 중소기업이 주로 상장되어 있으며, 상장 기업 수는 총 767개이다. 창업판은 하이테크산업에 종사하는 초기 성장형 기업들을 대상으로 하며 상장기준은 메인보드나 중소기업판에 비해 낮은 수준이다(상장 기업 수: 484개).

중소 벤처기업의 자금조달을 위해 설립된 신삼판은 일종의 장외시장으로 2006년 1월에 베이징 중관춘 과학기술단지의 비상장 주식회사들을 지원하는 것으로 출발했으며, 2013년 1월에는 중국 전역으로 지원 범위가 확대되었다. 현재 전국중소기업주식양도시스템(NEEQ, 全国中小企业股份转让系统)이라고 하는 증권시장을 통해 거래되고 있다. 신삼판은 2015년에 상장기업 수 및 시가총액에서 모두 급속한 성장 추세를 보이고 있다.

중국의 금융 리서치 업체인 CVSource에 따르면, 2015년 6월 말 현재 신삼판의 상장기업 수는 2,637개에 달해 2014년 말보다 1,065개가 늘어날 정도로 급증하는 추세이다. 2013년 말 현재 356개에 불과하던 상장기업 수를 고려하면 상전벽해 수준이다. 신삼판에 상장하기 위해서는 기업의 존속기간이 2년 이상이어야 하며, 업무가 명확하고 지속적인 성장에 필요한 잠재력이 있는지를 평가받아야 한다.

2015년 상반기 기준으로 신삼판의 시가총액은 1조 1,934억 위안으로, 2014년 말의 4,591억 위안 대비 2배 이상 늘어났다. 2014년의 시가총액은 전년과 비교할 때 730.2%가 늘어난 바 있다. 신삼판 상장기업 중에서 56%가 제조업이며, IT가 23%로 그 뒤를 이었다. 제조업과 IT 외에 건축업(4%), 연구 및 기술서비스(4%), 농림축수산업(2%), 임대 및 비즈니스 서비스(2%) 등의 기업이 상장되어 있다.

13

의료기기와 의약품 인증비용 신설

:: 불공정한 인증비용 시정 필요

중국이 경쟁이 심한 시장으로 급격히 변화하고 있지만 그래도 여전히 성장하고 있는 분야가 있다. 대표적인 산업이 의약품과 의료기기다. 소득이 높아지면서 금전적인 여유가 생긴데다 건강관리가 중국인들의 최대 관심사로 부상하고 있기 때문이다.

그런데 이들 상품이 중국 시장에 상륙하기 위해서는 인증이라는 장벽을 넘어야 한다. 이것도 버거웠는데 이제는 막대한 등록비용이 들어가는 새로운 규정이 제정되어 시행에 들어갔다. 관련 서비스 개선이라는 정당한 이유가 있지만, 과도한 행정비용을 부과하여 기술 장벽으로 인식되고 있을 뿐만 아니라 중국산과 수입산에 차별적(3배 정도)으로 비용을 부과하고 있어 수입업계에 더 불리하다는 불만도 있다.

의료기기를 살펴보면 상대적으로 의료행위 관련 위험도가 높은 3등급 제품을 기준으로 중국에 등록하기 위해 들어가는 비용은 최초 등록비로 30.88만 위안(약 5,700만 원)에 달하고 변경이나 연장 때에도 4만~5만 위안이 추가로 소요된다. 특히 최초 등록비(약 31만 위안)는 수입산이 중국산보다 2배 정도 많은 상황이다.

의약품은 신약을 등록할 경우 임상시험과 제품생산 및 출시 과정에서 부담해야 하는 비용이 총 100만 위안(약 1.8억 원)에 근접한다. 복제약 의약품 중 임상시험이 필요없는 경우도 등록비로 36.76만 위안이 필요하다.

《 중국 내 의약품 등록비용 기준 》

(단위: 만 위안)

항목 분류		중국산	수입산
신약 등록요금	임상실험	19.20	37.60
	생산/출시	43.20	59.39
제너릭 등록요금	생산/출시(임상실험 불필요)	18.36	36.76
	생산/출시(임상실험 필요)	31.80	50.20
보충 신청 등록요금	정규 항목	0.96	0.96
	기술심사평가 필요	9.96	28.36
의약품 연장 등록요금(매 5년)		성급 가격·재정기관 책정	22.72

(출처: 한국무역협회 북경지부)

특히 중국산보다 수입산 금액이 더 많아 차별적인 성격이 강하다. 예를 들어 신약의 임상 시험비는 수입산이 중국산에 비해 2배 정도 많고, 기술심사가 필요한 복제약 약품도 보충등록비는 수입산이 3배 정도 많다. 갈수록 확대되고 있는 중국 내 의료기기 및 의약품 시장에 국내 기업들이 진출하는데 과도하고 차별적인 등록비용이 사실상 기술 장벽으로 부상할 가능성이 높다는 점에 이의를 제기하기 힘들다.

앞으로 적정한 수준에서 행정비용의 책정뿐만 아니라 중국산과 수입산 간 차별을 해결할 필요가 있다. 만약 외국업체라는 이유로 추가비용이 들면 실비정산을 원칙으로 하는 대안이 적절할 것이다.

14

공장을 설립할 수 있는 토지

❖ 국가소유 토지에만 공장건축 가능

기업이 중국에서 공장을 건축할 때 토지사용권을 양도받아 그 사용권을 실제로 취득한 후에 건축한 경우에만 토지 및 건물 관련 부동산 권리증을 취득하여 법적으로 보호받을 수 있다. 중국의 '토지관리법'에 규정한 내용에 따르면 중국 정부는 토지를 용도에 따라 농업용지, 건설용지, 미이용지 등 3가지 유형으로 구분하고, 이를 다시 토지성격에 따라 국가소유토지 및 농민집체(集體)소유토지 등 2가지 유형으로 나누어 관리하고 있다.

기업이 합법적으로 사용할 수 있는 토지는 국가가 소유한 건설용지로 한정되며 여기에 공장 등 기업용 건물을 건축하는 것만이 합법적이어서 관련 증명서를 발급받을 수 있으며 여타 경우는 불법으로 간주한다.

국가는 국유토지(도시토지)를, 촌민위원회는 집체토지(농촌 및 도시근교 토지)를 각각 소유·경영·관리한다. 국유토지에 대해 공업원, 개발구, 전(镇)정부 등과 체결한 토지출양계약(국유토지 사용권을 민간에 양도하는 계약)은 무효이며, 반드시 출양권한이 있는 현(县)·시급 토지관리부문(국토자원국)과 계약을 체결해야 한다는 점에 유의할 필요가 있다(도시부동산관리법 14조). 현(县)은 중국의 3급 행정단위로 지방의 시, 직할시, 자치주 밑에 속해 있으며, 전(镇)과 향(乡)은 현의 하부 행정단위이다. 집체소유 토지를 사용할 경우, 집체 소유토지를 국유토지로 전환한 후 입찰·경매를 통해 취득해야 한다는 점에 유의할 필요가 있다.

임대 시 토지 증명서 부재

현재 외국인투자기업뿐만 아니라 중국인 기업에서 공장 등 건물을 짓는데 사용되는 상당수의 토지는 임대한 것으로 토지 관련 증명서 발급이 원천적으로 불가능하다. 우선, 공장건물이 합법적이기 위해서는 해당 토지가 국가가 소유한 건설용지임과 동시에 토지사용권을 취득한 상태에서 건설행정부서에 허가를 받아 건축해야 하며, 이 경우에 한해 관련 토지 및 건물 관련 부동산 권리증을 취득할 수 있다.

토지증 처리기관은 시급 국토자원국이며, 국유 건설용지 사용권 양도계약을 체결하고 이에 따라 대금을 지급하면 약 10일(근무일 기준) 이내에 처리된다. 방산증 취득을 위해서는 시급 주택 및 도시·농촌건설위원회에 등기신청서(원본), 기업법인 관련 신분증명(영업집조 사본) 등을 제출해야 한다.

15

공장 임대 시 주의할 점

:: 임대차 권리관계 구체 명시

임대를 통해 공장을 건설하는 경우 부동산 권리증 발급이 원천적으로 불가능하고 다양한 이유로 중도에 임대가 종료될 수 있어 임대계약서에 권리와 의무에 대해 명확하게 규정하는 등 더욱 주의해야 한다고 전문가들은 조언한다.

토지사용권 취득자가 토지사용권과 지상건축물, 그리고 기타 부속물 등을 임차인에게 사용케 하고 임대료를 받는 행위를 토지사용권 임차라고 하는데 임차인이 취득한 권리는 독립적 재산권이 아니라 임대 기한 내 토지를 점용·사용할 수 있는 것으로 원칙적으로 토지사용권의 재임대 및 저당은 불가하다. 또한, 토지사용권 임차계약의 체결, 변경, 중지될 경우 시·현 토지관리부서에 원칙적으로는 등기수속을 해야 한다.

계약 체결 이전에 토지성격에 대한 정확한 파악을 통해 공장 건설이 가능한 곳인지 토지증을 확인하고, 가급적 임대기간을 10년 이상 장기로 약정할 필요가 있다. 토지사용권이나 재임대 불가약정의 문제로 기업이 손실을 볼 시 손실배상에 대해 명확한 기준이 필요하며, 국가로부터 해당 토지를 계약만료 전에 징수할 경우 임차인인 기업으로서 취득할 수 있는 보상에 대해 미리 약속을 받을 필요가 있다.

:: 1999년부터 임대기간 20년 제한

　문제는 1999년부터 중국 계약법의 새로운 규정이 시행되면서 임대 가능 기간에 대한 해석을 두고 분쟁이 발생하고 있다. 임대차 계약기간이 20년을 초과할 수 없다는 내용이 들어갔기 때문이다. 한 중소기업은 1995년에 50년간 토지를 임차하기로 계약을 체결했으나 중국 측은 도시 재개발로 지가가 상승하자 새로운 규정을 거론하며 계약 후 20년인 2015년에 만료된다고 주장하면서 어려움을 겪었다. 법원의 판단이 지역에 따라, 또 한 건별로 다를 수 있어 주의가 요구된다.

　따라서 임대를 통해 공장을 설립하는 경우 권리확보가 힘들 수 있어 임대가 제대로 진행되지 않을 상황을 상정하고, 이에 대한 세밀한 보상방안과 그 보상을 실행에 옮길 수 있는 구체적인 수단을 강구해야 한다. 특히 권한이 없는 자의 임대인지, 재임대를 금지하는 토지는 아닌지를 확인하고, 중국 법률상 20년 이상 임대가 가능한지에 대한 해석상 논란이 있으므로 정확하게 확인하는 절차가 필요하다.

16

공장용지와 법적 분쟁

토지의 용도변경 거의 불가능

기업들이 부동산 권리증 미발급으로 경영상 위기에 처하는 것은 합법적인 당사자와 계약을 하지 않거나 토지용도가 공장용으로 적합하지 않은데 주로 기인한다. 기업들이 많이 입주하는 경제개발구(공단)의 토지에 농지(집체토지)인 경우가 적지 않은데 용도 변경도 쉽지 않다.

토지용도는 국가에서 총괄적으로 계획해서 결정하는 상황에서 토지용도를 변경하려면 토지관리부서의 허가를 받아야 하는데, 실무적으로 농지를 건설용지로 변경하는 것은 농민의 권리를 침해하고, 사회의 불안정을 일으킬 우려가 있기 때문에 정부에서 이를 허가할 가능성이 적은 것으로 전문가들은 보고 있다.

공장 건축에 적합한 토지인 경우에도 계약권한이 없는 전(镇)이나 개발구와 직접 계약하면 법적 보호를 받기 힘들다. 중국에 진출한 중소기업들은 공장의 신속한 건축과 비용절감 등을 이유로 충분한 사전검토 없이 토지계약을 체결한 후에 공장을 건축하고 가동하여 부동산 권리증 분쟁에 휘말리게 되는 사례가 있다.

일반적으로 투자유치에 적극적인 지방정부는 인적 네트워크를 강조하면서 절차를 무시하고, 외국 기업은 정상적인 경우보다 저렴한 용지를 선호하면서 미등기 공장이 발생하는 것이다. 베이징시 인근에는 1990년대 중후반에 진출한 업체 중 일부는 토지 및 건물을 오랫동안 사용하고 있음에도 이에 대한 권리증이 없어 안정적인 경영이 불가능하고 적극적인 재산권 행사를 못 하고 있는 것으로 알려졌다.

한 중소기업은 5년 전에 공장용지(40만 달러 투자)를 확보하여 가동하고 있다. 그런데 전(镇) 정부가 싸게 용지를 주고 1년 안에 토지권리증을 발급해 주겠다는 말만 믿고 투자했으나 전(镇)의 책임자가 바뀌면서 어떠한 권리도 확보하지 못한 상태로 불안하게 공장을 운영하고 있다.

따라서 반드시 기업의 공장건설이 가능한 곳인지 토지 종류를 잘 파악하고 권한행사에 문제가 없는 상대방과 계약을 체결해야 한다. 집체 토지가 아닌 국가가 소유한 토지에 투자하여야 하며, 계약 권한이 있는 시(市) 및 현(县)급 토지주관 부문을 찾아 해당 토지가 중장기적으로 권한행사에 문제가 없는지도 확인해야 한다.

7장

비즈니스맨의
중국생활 알아보기

1

상하이와 베이징의 자동차 구매방법

◈◈ 상하이에서 자동차 구매는 입찰

⏻ 높아지는 자동차 번호판 가격

중국이 자동차 대국으로 부상했지만, 그 한편에는 눈물겨운 상황이 연출되고 있다. 상하이에서는 매월 셋째 주 토요일 10시부터 11시 30분까지 입찰을 통해 자동차 번호판을 구매할 수 있다. 2014년 4월의 경우 8,200개의 번호판이 공급되는데 개당 가격이 7만 3천 위안에 달하였다.

자동차 가격은 물론 별도이다. 이에 따라 자동차 번호판 경매에 대신 참가하는 대행업체도 등장하고 있다. 그 대행 수수료는 900위안에서 2014년 들어 3,000위안으로 상승했으며, 심지어 수수료가 5,000위안에 달하는 대행업체도 존재하고 있다.

상하이에서 차를 사는 방법은 다음 절차를 거쳐야 한다. 우선, 입찰 경매에 등록해야 한다. 매달 세 번째 주 토요일 기준으로 7일 전부터 9시에서 오후 4시까지 등록해 한다.

구체적인 시간은 매월 공지하는데 신청 장소는 다음과 같다.

① 푸저우거리(福州路) 108번지 궈파이(国拍) 호텔

② 꿍허신루(共和新路) 3550번지 상하이바이롄(百联) 자동차광장

③ 썬탄루(莘谭路) 82번지 교통은행

④ 중산베이루 2번 1621번지 취양(曲阳)우정국

⑤ 환룽루(环龙路) 55번지 교통은행

보증금은 2천 위안이며 신청절차는 → 객차한도 입찰경매신청서 작성 → 공증처의 심사 및 직인 → 비용지급 및 입찰경매 등록(비밀번호, 인터넷 입찰전문용 CD 등 발급) 순으로 진행된다.

주의사항은 매회 경매에서 개인·기업은 입찰카드 1장만 사용이 가능하며, 수속비로 100위안을 준비해야 한다.

⏻ 입찰자격은 상하이 등록기업

입찰 자격은 상하이시에 등록한 사영기업 및 사업단위는 유효한 영업허가증 및 조직기구코드증(组织机构代码证) 원본 및 정보 IC카드를 제출하고, 상하이시 주민은 신분증과 호적 원본이 필요하다. 타성 주민은 '임시 거주증'을 원본으로 준비해야 하고 외국인은 '외국인 거류허가증'을 제출해야 한다.

첫 번째 시간대에 경매 참가자는 정확한 가격을 제시해야 하며, 수정 가능한 시간대 경매 참가자는 시스템에서 공지하는 가격범위에 따라 가격의 수정이 가능한데, 최대 두 차례 허용된다. 경매 진행 시 인터넷, 전화, 현장 등에서 실시간으로 입찰경매 정보(현재 시스템 시간, 현재 경매 참가자 수, 현재 시간대의 최저 거래가 및 가격제시 시점 등 포함)가 공개된다.

✸ 베이징에서 자동차 구매는 추첨

⏻ 연간 13만대만 공급

135대 1로 확률이 0.73%. 2014년 8월에 베이징에서 진행한 차량구매 관련 추첨 경쟁률이다. 264만 명 정도가 신청했는데 일반차량으로 배정된 숫자는 2만 대에 약간 미치지 못한 결과다. 그야말로 하늘의 별 따기가 되어버린 자동차 번호판 받기란 베이징의 특별한 조치(?)가 되고 있다.

베이징시가 2014년에 공급하기로 한 물량은 13만대이고, 2015년과 2016년에는 각각 12만대와 9만대로 더욱 줄어들어 경쟁률은 높아질 것으로 보인다. 이런 강력한 조치를 한 목적은 교통난 완화에만 있는 것은 아니다. 교통여건 개선은 물론 공기의 질을 끌어 올리는데 더욱 큰 이유가 있다.

중국의 수도인 베이징에서 자동차를 소유하기 위해서는 2개월에 한 번씩 시행되는 추첨에서 당첨되어야 한다. 짝수 월에 진행되고 있는데 매월 26일이 운명의 날이다. 신청하기 위해서는 매월 8일까지 인터넷에 등록하거나 구청의 창구에 서류를 제출해야 한다. 모두가 신청할 수 있는 것이 아니어서 서류심사를 통과해야 비로써 번호판 신청을 할 수 있다.

중국인이라면 베이징에 호구를 하고 있거나 5년 이상의 임시거주증 기록이 있어야 한다. 그 5년 중에는 사회보장비와 세금을 연속적으로 냈다는 기록이 포함되어야 한다. 외국인이라면 어떨까? 다소 완화된 기준이 적용되지만 1년 이상 거주해야 한다는 조건을 피해 갈 수 없다. 홍콩과 대만사람도 외국인과 같은 조건을 부여받는다. 번호판을 받으려는 사람이 서류를 제출하면 8일 이내에 자격의 적정성을 판단해 준다.

⏻ 여러 번 추첨 탈락도 다반사

한번 떨어지더라도 매번 다시 신청할 필요는 없다. 6개월 동안에는 자동 연장되도록 조치를 해 놓았기 때문이다. 특히 지속해서 당첨되지 않으면 3배까지 당첨 확률을 높여준다. 무조건 번호판을 받겠다는 투기심리를 잠재우기 위해 번호판을 받고 6개월 이내에 차량을 사지 않으면 당첨 사실이 취소된다는 점에 유의해야 한다.

그리고 차량을 분실한 후에는 1년 정도 기다리고 찾지 못한 경우에만 다시 살 수 있는 자격을 준다. 타던 차를 팔고 다시 사려면 6개월 이내에 실행해야 그 권리가 남아 있게 된다. 베이징에서 차를 사는 여건이 앞으로 더욱 어려워질 가능성이 높아 조만간 차량소유는 특권이 될 것으로 예상한다.

외국기업인의 비자기간

1년마다 비자기간 연장

중국 내 외국기업의 법적 형태는 크게 법인과 대표처로 나뉜다. 그 기준은 영업활동 여부다. 영업할 수 있으면 법인이고, 그렇지 못하면 대표처가 된다. 대표처이면 영업을 해서는 안 된다는 말이기도 하다. 그런데 중국 정부는 외국기업 주재원 비자에 대해 1년의 유효기간을 부여하고 매년 갱신토록 요구하고 있다. 법인이라도 법인장과 그 가족의 비자 유효기간은 2년이지만 나머지 주재원은 1년에 불과하다.

사무소(중국 명칭 代表處)의 경우 수석대표와 일반주재원(가족 포함) 모두 비자 유효기간이 1년이어서 시간적으로나 비용적으로 부담이 적지 않다. 다만, 중국 주재원 중 소수(법인장, 투자자, 고급인재)만이 2년 이상의 비자를 받을 수 있다는 점을 새기고 비자 유효기간을 넘겨 낭패를 보는 사례를 미연에 방지해야 한다.

베이징시는 투자자나 고급인재에 대해 예외적으로 비자 기간을 우대하는 조치가 있지만, 중소기업이 그 혜택을 누리기는 쉽지 않다. 고급인재는 성급 국가기관에서 초빙한 고급고문, 국가급 및 성급 과학기술 협력 프로젝트나 중점프로젝트 협약서 등과 관련된 전문기술요원과 고위층 관리자 등으로 실제 사례가 거의 없다. 또한, 공공기관 및 단체의 사무소 유효기간이 1년에 불과하여 매년 갱신하는 번거로움이 있다는 점도 잘 새겨야 한다.

기업 유효기간도 매년 갱신

공공기관 및 단체의 사무소 유효기간이 기존에는 3년까지 가능했지만 최근 1년으로 단축되었다. 주재원 비자 기간은 원래 1년이지만 사무소 유효기간 이내로 제한되기 때문에 부임 후 첫 번째 비자는 1년에도 미치지 못하고 '사무소 유효기간이 얼마 남지 않았다'는 이유로 제때 비자수속을 진행하지 못하는 경우도 발생할 수 있다. 한·중 FTA 후속 협상이나 양국 간 통상채널을 통해 비자 기간을 최소 3년 이상으로 늘리는 조치가 필요하다고 본다.

공공기관(단체)의 사무소는 매년 기간 연장을 위해 적지 않은 시간과 비용이 투입되기 때문이다. 연장을 위해 여권이 제출되기 때문에 외국출장 등에 애로가 발생하고 처리기간도 기존 5일(영업일 기준)에서 15일로 대폭 늘어난 점도 적지 않은 부담이다.

외국 청년들에 대한 취업장벽

경력 2년 없으면 취업 물거품

중국에 한국에서 온 유학생은 늘어나는 추세다. 단기 연수생을 포함하면 더욱 많아지고, 한국에서 중국어를 전공하는 학생까지 포함하면 중국 관련 업무에 종사하고 싶은 한국 청년은 기하급수적으로 늘어난다. 이들의 꿈은 중국에서 비즈니스를 하는 것이다.

한국 기업이 채용하여 파견하는 주재원이 될 수도 있고, 단신으로 중국에 직접 뛰어들어 사업에 나서겠다는 포부를 가진 젊은이들도 의외로 많다. 그러나 그 꿈은 얼마 가지 못해 큰 벽에 부딪힌다.

중국 정부는 영주권(定居权)이 없는 외국인이 중국 법률에 따라 노동보수를 취득하는 근로행위를 외국인 취업이라고 정의하면서 외국인 재중국 취업 구비 조건(노동부, 공안부, 외교부, 상무부 공동 발표, 1996.1.22.)을 까다롭게 못 박고 있다.

우선, 기본적으로 만 18세 이상이면서 신체가 건강해야 한다. 범죄경력도 없어야 한다. 문제는 그다음 조항이다. 종사할 분야의 전문기술 및 해당 업무경력 소유자이어야 한다는 것. 여기서 말하는 업무경력 소유자라는 규정에 대해 각 지방정부는 엄격한 기준을 내밀고 있다.

베이징시의 사례를 보면 학위증(학사 이상)이 있으면서 2년 이상 근무경력에 대한 증명서 원본 제출을 요구하고 있다. 따라서 업무경력이 없거나 학위조건을 충족하지 못하는 외국인은 중국 내 유학생이라도 취업이 사실상 불가능하다.

:: 대졸이라는 자격도 필수항목

중국에서 나고 자란 한국인 자녀는 대학교 졸업 때까지 중국을 떠나본 적이 없는데 취업경력을 쌓기 위해 억지로 가족과 떨어져야 한다. 한국 내 중소기업이 중국시장을 개척하기 위해 청년을 채용할 경우 경력이 2년이 안 되면 중국에 파견할 수 없다. 만약 취업 요건을 충족했다면, 그다음 필수 절차를 밟아야 한다.

　　① 외국인 취업허가증 (外国人 就业许可证书)
→ ② 외국인 취업비자 (Z비자)
→ ③ 외국인 취업증
→ ④ 외국인 거류허가 등이 필요하다.

국내 취업보다 더 힘든 것이 중국 내 청년 취업이라는 점을 눈여겨볼 필요가 있다. 그래서 청년들은 한국에서 입사해서 경력을 쌓은 후에 중국에서 사업을 하거나 취업을 하겠다는 계획을 수립해야 낭패를 당하지 않는다.

양국 간 우호 증진을 위해 일정 쿼터 내에서 한국 젊은이들의 취업이 가능토록 정부 간에 협의할 필요가 있다는 점에 이론을 제기하기 힘들다.

상하이의 취업기준 완화 내용

2년 경력 장벽 완화 조짐

중국 공안부는 상하이과학기술창조센터 건설 원활화를 위해 12항의 출입국 조치를 발표하고 2015년 7월 1일부터 상하이 모든 지역에 적용하고 있다. 이번 조치는 외국 인재의 유치역량 확대, 신규 창업인력의 지원역량 강화, 중국 내 인재의 유동 촉진, 출입국 서비스 제고 등을 통해 상하이과학기술창조센터 건설에 편리한 출입국 환경의 조성에 목적을 두고 있다.

주요 내용은 외국 인재의 유치역량 확대를 위해 외국 고급 인재에 대한 장기 거류증 발급 확대는 물론 영주권 신청이 가능토록 했으며, 외국인 입국 및 거류 수속 간소화 조치도 단행되었다. 또한, 특이한 점은 그동안 유학생들의 가장 큰 취업 장애 요인이었던 2년 경력조항이 일부 폐지되었다는 점이다.

외국 유학생의 취업 시 2년 근무 경력 폐지를 통해 중국 내 창업 및 취업 지원하겠다고 밝혔다. 또한, 상하이시 출입국 서비스 수준의 제고를 위해 상하이 및 장각삼각주 지역의 외국인 입국비자 면제를 추진하며 유람선 외국인 단체 관광객에 대한 비자 면제도 모색되고 있다.

:: 세부내용 보고 자격 준비를

　세부적으로 보면 상하이에서 만 4년 연속 근무한 외국인으로서 매년 중국에서의 실제 거주기간이 6개월 이상에다 안정적인 수입 및 거주지 보유, 연봉과 개인소득세 납세액이 규정된 표준에 달하면 기업추천을 통해 영주권 신청이 가능하다.

　또한, 인재 주관부서가 인정한 외국 고급인재, 상하이과학기술 창신 주관부서가 제정한 과학기술 창신 직업 리스트에 포함된 회사에서 초빙 및 보증하는 고급 인재에 대해서는 5년 만기 취업비자를 발급하고, 3년 후 회사의 추천을 통해 영주권 신청이 가능하다.

　외국 유학생이 졸업 후 상하이에서 창업이나 취업할 의도가 있으면, 대학교 졸업증 등 관련 자료를 제출 시 2년 만기 사적사무 거류 허가 증을 발급받아 인턴 또는 창조성 창업 활동에 참여 가능하다고 한다. 이 기간에 회사로부터 정식 채용될 경우 규정에 따라 취업비자를 신청해 발급받을 수 있다.

　2회 연속 거류 허가증을 발급받은 외국인은 불법, 위반 기록이 없으면 유효기간 5년 미만의 거류 허가증을 발급받을 수 있다는 파격적인 조치도 담고 있다.

5

근로자 휴가와 소득세 절세

:: 10년 미만 휴가는 5일

한국은 통상 근속 2년마다 1일씩 휴가가 늘지만, 중국은 아주 다른 구조로 되어 있다. 근속기간에 따라 일수가 달라지는 구조는 같지만, 중국은 비교적 단순하게 구분된다. 1년 이상 10년 미만이면 휴가 일수가 연간 5일이며, 10년 이상이면서 20년 미만이면 10일로 뛰어오른다. 20년을 넘어가는 경우 총 15일의 휴가가 주어진다. 한국보다 적다고 할 수 있는데 이것은 어디까지나 법적인 최소기준이라는 점에 유의해야 한다.

기업마다 추가로 더 주는 것은 문제가 되지 않지만, 법적인 기준 이하이면 문제가 된다는 의미다. 중국에서는 기존 휴일이 최소 3일 이상 쉴 수 있도록 주말과 연결해서 주어지기 때문에 특별휴가(여름휴가)를 준다면 연결해서 사용토록 권유하는 것이 더욱 현명하다고 하겠다.

근로자와 관련하여 또 하나 중요한 사항은 세금을 얼마나 내느냐는 것이다. 중국의 근로소득세율은 최소 3%에서 최고 45%로 누진적 체계를 갖추고 있다. 월급에 세금이 포함된 경우 1,500위안 미만이 3%이고, 이어서 4,500위안까지는 10%로 높아진다.

보너스 1번은 별도과세

4,500~9,000위안은 세율이 20%이고 9,000~35,000위안은 25%로 더욱 높아진다. 35,000~55,000위안은 30%로 높아지고, 초 고임금이라고 할 수 있는 80,000위안을 기점으로 35%와 45%라는 높은 세율이 적용된다. 급여와 별개로 세금을 별도로 지급한다면 한계점은 좀 더 낮아진다는 점에 유의해야 한다.

여기서 한 가지 조심해야 할 점은 모든 세율이 연간 기준이 아니고 월급기준이라는 점이다. 따라서 월급이 매월 크게 다르면 실제 세금 부담액이 높아진다. 누진제의 특성을 고려하여 근로자의 실질 소득을 높여주려면 매월 고르게 급여를 지급해야 한다.

보너스나 각종 성과급도 이론상 매월 균등하게 나누는 것이 좋은데 연간 1회 정도 보너스에 대한 누진과세를 면제한다는 점을 고려하여 한 번에 보너스를 몰아주는 것도 좋은 대안이다.

그러나 보너스를 한 번에 몰아주면 근로자의 이동이 빈번해질 우려가 있음을 고려할 때 성과급 등을 어느 정도 균등하게 나눠 월급에 함께 지급할 필요도 있다.

6

최저임금 수준과 기준

:: 지역마다 다른 최저임금

중국 내 최저임금이 뜀박질을 지속하고 있다. 5년마다 최저임금이 2배 정도 올라 중국 인력이 상대적으로 많이 필요한 내수마케팅 업체와 생산법인에 대한 전반적인 경영전략의 재검토가 필요한 실정이다. 2014년도 베이징시 최저임금은 전년보다 12% 오른 1,560위안이다. 이는 2009년 베이징시 최저임금이 800위안이었던 것에 비해 2배 정도 인상된 수준이다.

또한, 한국기업들이 가장 많이 진출해 있는 산둥성은 5년 전에 760위안이었지만 2015년에는 1,500위안으로 상승하여 역시 2배 수준으로 높아졌다. 상하이와 함께 중국에서 최저임금이 가장 높은 곳 중 하나인 선전은 2015년에 전년 대비 13%가 인상된 1,808위안을 기록하여 중국 내 최저임금 최고치를 경신하며 중국 전체의 최저임금 상승을 선도하고 있다.

또한, 중서부 시장 진출을 위한 교두보로 주목받고 있는 충칭은 2015년에 무려 19%(1,050위안 → 1,250위안)를 인상하였다. 산시(陝西)성은 2015년에 1,280위안을 기록했는데 이는 5년 전의 600위안보다 2배 이상 높은 수준이다.

중국에서 최저임금은 반드시 지켜야 하는 법정사항으로 시간 외 근무에 대한 수당 등을 포함하지 않고 있으며 지방별로 수준과 인상시기가 다른 것이 특징이다. 따라서 기업이 실제로 부담하는 비용은 훨씬 높은 수준임을 고려하여 인력활용 계획을 세워야 한다고 전문가들은 조언한다.

5대 보험과 주택공적금 제외

특히 산재, 의료, 실업, 양로, 생육(출산·육아) 등 5대 보험과 주택공적금 등 사회보장비용을 추가하면 근로자 고용에 따른 최저 비용은 20%~30% 이상 높아지게 된다.

중국 비즈니스를 진행하는 기업들은 임금부담이 5년 후면 현재보다 2배가 더 될 수 있다는 가정에 따라 대책을 마련해야 한다. 앞으로 중국 비즈니스의 성패는 인력을 얼마나 효율적으로 잘 운용하느냐에 달려 있다고 하겠다.

따라서 중국 근로자에 대한 교육훈련을 통한 능력제고, 성과형 임금제도 도입을 통한 생산성 향상, 한국과의 교차근무를 통한 업무추진의 효율성 제고 등이 절실하다.

우수 인재 양성통로 과즈(掛職)

🔴🔴 민관을 오가며 근무하는 우수 인재

중국의 공직사회에는 다른 나라에서는 존재하지 않는 '과즈(掛職)'라는 독특한 제도가 존재한다. 이는 공직자들을 일정 기간 다른 부처에 보내 근무토록 하거나 지방정부나 기업으로 파견해 현장을 익히게 하는 인사제도다. '과즈(掛職)'에서 과(掛)의 한자 의미는 '걸다', '걸치다'라는 뜻으로 일정 기간 다른 부서에서 직무(職務)를 잠시 맡는 것을 지칭한다.

2005년 4월 27일에 개정되어 현재 적용되고 있는 '중화인민공화국 공무원법'에 따르면 인재의 육성 및 훈련을 목적으로 공무원들을 하위, 혹은 상위 조직이나 다른 지역의 정부기관, 국영기업, 사업단위(공기관) 등에 파견하여 과즈할 수 있도록 규정하고 있다.

2009년에 중국공산당 중앙판공청에서 발표한 '2010~2020년 간부인사제도개혁 심화에 대한 규획요지'에 따르면 서부 대개발에 적합한 간부의 교류를 위해 계획적으로 서부지역의 간부들을 중앙기관이나 동부 경제발달지역에 과즈로 파견하여 안목을 넓힐 수 있다고 규정한 것이 대표적인 사례이다.

반대로 경제 발달지역의 공무원들이 상대적으로 낙후한 지역에 과즈로 파견될 때는 기업의 투자와 자금도 함께 이끌고 갈 수 있어 경제발전의 불균형을 해소하는 효과가 있다. 특히 경제 후발지역인 중서부 지역에서는 경제 발달지역으로부터 파견되어온 과즈 공무원들이 투자와 프로젝트 유치에 좋은 기회를 제공할 것으로 기대하고 있다.

과즈는 1950년대에 중국에서 반강제적으로 광범위하게 이루어졌던 하방운동(下放運動)과는 다른 개념으로 젊은 간부 육성이 주목적이라는 점을 주목할 필요가 있다. 하방운동은 당·정·군 간부들과 지식인들을 노동에 참여시켜 관료주의를 극복한다는 목적으로 1957년부터 시작되었으며, 반강제적으로 대량의 인원을 낙후된 지역의 농촌이나 공장에 파견한 바 있다. 도시의 인구 과잉 및 취업난 완화를 위한 해결책으로 이용되었다는 설도 있다. 과즈는 우선 개인 신청이 필요하며 원래 부서에서의 인사편제와 처우를 그대로 유지하는 조건이다.

지역 균형발전과 우수인재 공유

과즈제도는 공무원들의 전반적인 업무 능력을 높이고 지방근무 등을 통한 현장체험을 통해 시야를 넓혀주는 효과가 있다. 국가 관리 차원에서 과즈제도는 지방정부에 대한 영향력을 강화하고, 중앙정부의 요구를 적극 수용할 수 있도록 지방정부 및 기업을 독려할 수 있는 수단도 되고 있다.

과즈는 크게 3가지로 나뉜다. 첫 번째가 하꽤(下掛)인데 상위 조직에서 하위 조직으로 파견되는 것을 지칭하며, 중국식으로 기층단련(基層鍛鍊)이라고 표현하기도 한다. 경제 빈곤 지역이나 심지어 농촌에 파견되는 때도 있다. 과즈 중에서 가장 많은 부분을 차지한다. 상꽤(上掛)

는 하위 조직에서 상위 조직, 심지어 중앙정부로 파견되는 것을 지칭하며, 하위 조직보다는 주로 상위 조직에서 대상자를 선택 및 결정한다. 횡괘(橫掛)는 비슷한 등급의 조직으로 수평 이동하는 것을 지칭하며, 통상 우호도시, 자매도시, 협력기관 등에 파견된다.

과즈 대상자에 대한 선발은 지역·기관별로 다양하며 학력 및 연령에 대한 제한이 있고, 기본적으로 본인의 신청과 소속기관(혹은 기업)의 추천이 필요하다. 허베이성 우안시와 지린성 지린시의 경우, 과즈 인원에 대한 연령제한을 40세 미만으로 규정하고 있다. 후난성 주저우시와 장시성 주장시는 35세 미만으로 규정하여 더욱 엄격하게 적용하고 있다. 학력은 기본적으로 전문대 이상을 요구하며 농촌지역 파견 등 특수 경우에는 농촌에서의 삶을 즐길 수 있어야 한다는 등의 부가조건이 있다.

과즈 인원의 선발은 우선 개인의 자원을 원칙으로 하되, 각 기관 및 기업에서 부서별 신청인원을 파악한 후 상급 조직에 보고가 이뤄지고, 이어서 최종 상급 조직과 파견 예정 지역의 조율을 거쳐 파견 여부를 결정한다.

이를 정리하면 다음 순서로 진행한다.
① 기관(기업)에서 부서별로 필요한 과즈 인원을 파악하여 인사부서에 보고
② 인사부서에서 신청인원을 취합하여 상위 조직에 보고
③ 상위 조직에서 과즈 인원이 부임 예정인 현지 기관의 의견을 수렴하고 명단을 현지 담당기관에 전달
④ 현지 담당기관에서 재확인 후 현지 기관에 최종 파견

과즈 인원의 이중 신분에 따른 특수성으로 관리 및 평가에 어려움이

존재하는데 그 해결책으로 업무내용 및 평가기준을 명문화하는 등의
대책을 취하고 있다. 왜냐하면, 과즈 기간의 성과가 승진과 연결되는
경우가 많아지고 있기 때문이다.

（ 8 ）

「중국제조 2025」 슬로건

∷ 독일을 넘어 미국 수준으로

중국이 2015년 3월에 양회(전국인민대표회의와 정치협상회의)를 마친 뒤 발표한 내용에 '중국제조 2025'이라는 내용이 들어가 있다. 공업정보화부 등 유관기관은 중국이 제조업 대국에서 제조업 강국으로 전환하기 위한 향후 10년간의 로드맵인 '중국제조 2025' 계획을 국무원에 보고할 예정이라면서 언론에 흘리자 기업 입장에선 그 내용에 궁금증이 더 쏠리고 있다.

이 자료는 중국공정원(工程院)의 150여 명의 산업별 전문가가 1년 반 동안 연구한 후에 공업정보화부에서 1년 동안 작성한 것으로 알려졌는데 전체 내용은 아직 공개되지 않고 있다. 중국에서 일반적인 규획 등은 기업들이 단순히 참고할 사항을 넘어서 반드시 지켜야 할 가이드라인의 성격으로 보기 때문에 중국제조 2025는 외자기업이라도 필수적으로 알아야 할 사항이기도 하다.

현재 언론을 통해 알려진 대강의 내용은 중국 정부는 미국, 독일, 일본, 영국, 프랑스, 한국, 인도, 중국 등 8개국에 대한 제조업(1946~2012년) 분석을 진행하여 각 국가의 발전사례를 살펴보았고, 이를 통해 중국에 대한 시사점을 도출한 것으로 알려졌다. 그 내용으로는 4대 전환과 8대 대책 등이 포함되어 있다.

⏻ 4대 전환

4대 전환 등은 다음과 같다.
① 발전 추진력을 생산요소에서 혁신으로
② 저원가 경쟁우위를 품질·효율 경쟁우위로
③ 고소모·고배출 제조를 녹색제조로
④ 생산형 제조업을 서비스형 제조업으로

⏻ 8대 대책

또한, 제조업의 경쟁력을 높이기 위해 대안으로 8대 대책을 제시하고 있다. 구체적으로는 8대 대책 등은 다음과 같다.
① 디지털화, 네트워크화, 스마트화한 제조 추진
② 제품 디자인 능력 제고
③ 제조업 기술혁신 시스템 완비
④ 제조업 기반 강화
⑤ 품질 제고
⑥ 녹색제조 추진
⑦ 국제경쟁력을 갖춘 기업군 및 비교우위산업 육성
⑧ 현대 제조서비스업 발전

아직 '중국제조 2025'의 내용이 구체화하지 않았지만, 외자기업 경영과 중국 시장환경 변화에 적지 않은 영향을 줄 것으로 예상한다. 이에 따라 앞으로 구체적인 윤곽이 나오면 이를 기업경영에 접목하는 노력이 요구된다고 하겠다.

9

고속철도의 경제적 효과

✖✖ 후발주자에서 세계 최강으로

중국에서 고속철도(高铁)는 경제발전을 상징하는 아이콘이 되었다. 통상 시속 160km 이하로 달리는 열차를 일반철도라고 하고 쾌속열차는 160~250km로 달리는 차량을 말한다. 반면 고속철도로 분류되려면 시속 250km 이상의 속도를 내야 한다. 2004년부터 외국기술을 도입하여 건설되기 시작한 고속철은 2008년 8월 1일에 징진(京津, 베이징~톈진) 노선이 처음으로 개통되면서 중국에서 전면적으로 주목받기 시작하였다.

속도가 빠르니 사람의 이동이 더욱 활발해지고 웬만한 거리는 일일 생활권에 들어오는 신기원을 이루었다. 2014년 말 현재 중국 내 고속철도 연장은 1.6만km로 세계에서의 비중이 60%에 달했으며, 2015년에는 1.8만km에 달한 것으로 추정된다. 닝샤, 티베트, 윈난(2016년 개통)을 제외한 28개 성 및 성급 도시에서 고속철도가 건설되고 있다. 길이면에서 전세계 단연 1위 국가가 되어 아프리카는 물론 미국에 대한 수출도 넘보는 강국에 올라섰다.

중국에서 고속철의 개통은 경제적으로 큰 변화를 가져왔다. 우선, 항공산업이 큰 타격을 받으면서 일부 지역은 국내선 가격이 크게 내렸다. 비행시간이 1~2시간 걸리는 곳임에도 200~300위안대로 가격이 내려왔다. 2014년도 철도분야 총 여객운송 규모는 23.2억 명이었는데 이중 고속철 이용자는 연인원 8억 명에 달했다. 같은 해에 151개 도시에서 고속철을 이용한 택배업이 개시되어 물류혁명의 디딤돌이 되고 있다.

고속철도 건설이 완료되면서 철도 물류 및 운송서비스 산업의 발달은 물론 주변 토지·광산·항구 등에 대한 개발에 탄력이 가해져 낙후된 지역의 발전에도 지렛대 역할을 하고 있다. 중국인이 많이 찾는 관광지는 하나같이 고속철도가 새로 개통한 지역이라는 특징을 갖고 있다. 이에 따라 고속철도는 지역발전의 격차를 줄이고 민족은 물론 지역 간에 상호 교통할 수 있는 창구를 다양화하는 효과를 낳고 있다.

중국이 고속철도 건설에 박차를 가하는 것은 수출을 통해 외화를 벌어들이고 국내 산업을 육성하는 토대를 닦는 것이 표면적인 이유지만 지역 간 민족 간 화합이 더욱 궁극적인 목표인 셈이다.

찾아보기

[표]

최 용 민

광운대학교 대학원 경영학과 졸업 (경영학 박사, 1998)
중국 대외경제무역대학 대외무역과정 유학·수료 (2002~2003)
한국무역협회 일간무역 무역전문기자 (1990~1998)
한국무역협회 무역연구소 수석연구원 (무역동향, 중국담당, 2001~2004)
한국무역협회 북경지부 부장 (한중간 무역 조사 및 마케팅. 2004~2007)
한국무역협회 무역통상실장 (FTA, 지역연구, 경기도 FTA대책 위원, 2010~2012)
한국무역협회 회장(한덕수 전 총리) 비서실장 (2012~2013)
한국무역협회 무역아카데미 교수 (2003~현재)
한국무역협회 북경지부장 (2014~현재)

〈저서 등〉
용의 경제에 올라타라 (2012, 필디엔씨)
중국 비즈니스 체크포인트 (2007, 한국재정경제연구소)
중국은 지금 (2003, 2005, 2008, 2010, 한국재정경제연구소)
중국경제의 부상과 한국의 정책대응 (2004, 정부용역)
무역결제론 (2001, 도서출판 두남)
실크로드 21과 전자무역 개편방향 (2000, kotra)
수출부진 극복, 이렇게 하면 된다 (2000, 무역협회)
알기 쉬운 무역마케팅 (1999, 한국재정경제연구소)
대중국 수출미수금 관련 요인과 예방책 (1998, 논문, 광운대학교)

〈기타 활동 등〉
상훈 : 국무총리상(2008), 대통령표창(2011)
강의 : 중앙·지방공무원, 무역협회, 삼성물산, 삼성전자, 엘지화학, 금호, 롯데,
    에스케이, 상공회의소, CCPIT(중국무역촉진위원회), 중국 상무부, 중국한
    국상회 등 다수
방송 : 무역현장해설(MBC라디오 1997, 인천방송 1998), 종합상사인터뷰(KBS 2002),
    FTA관련토론(KBS 2012), YTN, MBN, 등 다수
신문 등 : 최용민의 중국은 지금(매일경제신문사 2010~2012), FTA에 대한 오해
    와 이해(FTA소식지), 원화를 통한 무역결제(조선일보 2012) 등 다수

천의 얼굴 중국시장 체크포인트

발행일   1판 1쇄 2016년 4월 15일

저자   최용민

발행인   강석원
발행처   한국재정경제연구소 《코페하우스》
출판등록 등록번호 제2-584호 등록일자 1988.6.1

주소   서울특별시 강남구 테헤란로 406
전화   (02) 562-4355
팩스   (02) 552-2210
이메일   kofe@kofe.kr
홈페이지   www.kofe.kr

ISBN   978-89-93835-37-3 (13320)
값   18,000원

이 도서의 국립중앙도서관 출판도서목록(CIP)은 서지정보유통지원시스템 홈페이지(http://seoji.nl.go.kr)와 국가자료
공동목록시스템 (http://www.nl.go.kr/kolisnet)에서 이용하실 수 있습니다
(CIP제어번호: CIP2016008739).